”

„Love it and mix it or leave it! Annelina hat in diesem Buch nicht nur viele tolle Kreationen zusammengetragen, sondern bietet dem interessierten Leser auch ganz viele Tipps und Infos rund um das gesunde und leckere Kochen! Besonders für Naschkatzen seeehr zu empfehlen!“

RUTH SOPHIE SPELMEYER, 400-METER-SPRINTERIN

“

„Das ist ein unfassbares Buch geworden. Jede Seite macht Lust auf mehr. Die Bilder machen einfach richtig Appetit und ich freue mich schon darauf, weitere Rezepte auszuprobieren. Ich hatte extrem viel Spaß beim Lesen. Ein richtig cooles Kochbuch, aus dem dein Herz spricht."

FEDOR HOLZ – #1 POKERSPIELER WELTWEIT, FORBES 30U30 UND WELTBESTER FAST-VEGANER :)

„Wow! This cookbook is a must-buy! Anyone who tries out these recipes will be thoroughly impressed (vegans & non-vegans). The plant-based kitchen couldn't be described easier. Thank you Annelina for sharing these delicious meals with us."

TIA BLANCO – SURF-WELTMEISTERIN, GOLDMEDAILLEN-TRÄGERIN DER SURF CHAMPIONSHIP

„Von Tag 1 an hat Annelina mich begeistert. Ich kenne ihre anderen Bücher, die alle der Hammer sind, aber dieses toppt alles. Ich durfte bereits die Hälfte probieren und kann es kaum erwarten, weitere tolle Gerichte nachzukochen.
Annelina, du bist der Grund, wieso es mir leichter fällt, mich (fast) vegan zu ernähren!"

ANGELINA HEGER – TV-DARSTELLERIN UND INFLUENCERIN

„Die Lust auf das Glück im Handumdrehen … Endlich Rezepte, die (selbst für Kochmuffel :)) super leicht zuzubereiten sind – es kommt einfach alles in den Mixer! Das lästige Töpfe-putzen fällt somit weg. Ich bin dankbar, endlich ein so sensationelles Buch gefunden zu haben. Vegane Ernährung, die immer aufs Neuste inspiriert, und so lecker, dass ich mich am liebsten in jeden Dip reinlegen würde."

URSULA KARVEN – SCHAUSPIELERIN, GRÜNDERIN VON DIVINE FLOWER

„Annelina zeigt erneut, wie man unverarbeitet und naturbelassen kochen kann – selbst mit nur einem Mixer. Hier sieht man die pflanzliche Vielfalt von ihrer besten Seite."

NIKO RITTENAU – BESTSELLER-AUTOR

„Essen kann glücklich machen – wenn es richtig zubereitet wird. Annelina zeigt, dass das nicht schwer, aufwändig und kompliziert sein muss. Im Gegenteil, hier wird wieder deutlich, wie viel Spaß es machen kann, sich gesund zu ernähren.
Eine herrlich bunte Mix-Inspiration, einfach besser zu leben …"

KERSTIN LINNARTZ – MODERATORIN, BESTSELLER-AUTORIN, GRÜNDERIN VON BE BETTER YOGA

ANNELINA WALLER

Mix DEIN Glück!

66 REZEPTE FÜR DEIN GLÜCK

Mix dein Glück

Hi, ich bin Annelina, Vollzeit-Bloggerin, Yogalehrerin, angehende Ernährungsberaterin und vor allem Vegan foodie for life!
Ich koche (und esse) leidenschaftlich gerne und bin der Meinung, dass wir unserem Körper und unserem Planeten mit gesundem Essen so viel Gutes tun können. Deshalb verwende ich so wenig verarbeitete Lebensmittel, aber so viele frische Zutaten wie möglich.
Schon als Kind aß ich immer jede Menge Grünzeug. Dieses Unkraut, wie ich es nannte, weil auch Giersch darunter war, habe ich nach und nach als Wildkräuter lieben gelernt. Bei einem Spaziergang am Wochenende hat mein Vater mich beispielsweise mit Brennnesseln oder Birkenblättern gefüttert.
Heute bin ich meinen Eltern sehr dankbar dafür, dass sie mir schon früh gezeigt haben, was ein gesundes und bewusstes Leben ist, und dass eine vollwertige Ernährung auch noch richtig ästhetisch aussehen und himmlisch schmecken kann. Da konnte ich gar nicht anders, als immer alles aufzuessen!
Gesundes Essen steht nicht im Gegensatz zu Genuss und Leckereien. Denn genau das ist die pflanzliche Küche! Es bedeutet für mich, dass wir uns am Ende des Tages körperlich und mental fit und glücklich fühlen und gleichzeitig auch etwas Gutes für unseren Planeten getan haben. Dieses Buch soll ein bisschen dazu beitragen, das Leben gesünder und bewusster zu gestalten. Dafür habe ich jede Menge tolle pflanzliche Rezepte kreiert. Einfach, schnell und unglaublich lecker heißt die Devise, für die du meist nicht mehr als einen Mixer brauchst.
Und los geht's!

LOVE,
Annelina

Inhalt

Hey

Meine Mix-Story

Manchmal, auch wenn Logik und Erfahrungen mir sagen, dass das nicht funktionieren kann, muss ich es trotzdem versuchen: wie das Balancieren von fünf Taschen voller Essen auf dem Fahrrad vom Markt nach Hause, oder zur Yogastunde zu radeln, die in sieben Minuten beginnt, obwohl das Studio mindestens zehn Minuten entfernt ist. Tief im Inneren bin ich immer noch die Fünfjährige, die an den heißen Topf fasst, um selbst zu fühlen, ob er auch wirklich zu heiß ist. Denn manchmal schaffen es die fünf Taschen auch nach Hause, ohne dass ich vom Fahrrad falle, oder die Yogastunde beginnt und ich bin tatsächlich schon da. Diese 2%-Chance lässt mich immer und immer wieder neu experimentieren und Koch-Weisheiten auf die Probe stellen.

Vielleicht identifizierst du dich mit diesem hartnäckigen, irrationalen Optimismus. Vielleicht auch nicht. In jedem Fall sind genau so diese kreativen und zum Teil ungewöhnlichen Rezepte entstanden. Sie sind fast alle ölfrei, frei von raffiniertem Zucker und Gluten (oder aber glutenfrei umsetzbar), dafür voll wertvoller Nährstoffe und Liebe. Und in der Regel findest du auch meist verstecktes Gemüse :).

Never give up on your DREAMS, work until it works out or TRUST that it's gonna happen someday.

So hat das Ganze auch bei mir begonnen, damals in meiner Studienzeit in der Küche in Karlsruhe. Zeit für gesundes Essen blieb mir neben meinen zwei Jobs, dem Master und meinem Hobby Sport nicht viel. Was mir aber blieb, war der Mixer und eine Menge Motivation, viel Gemüse in ein nährstoffreiches, leckeres Essen zu verwandeln.

Es ist eigentlich ganz einfach, dachte ich mir, man nimmt das, was man mag, schneidet es in grobe Stücke und wirft es in den Mixer. In weniger als fünf Minuten hat man dann eine Mahlzeit voll von Mikro- und Makronährstoffen. Dabei muss man dann nur noch hoffen, dass es auch schmeckt. Manchmal wurde mein Hoffen erhört, manchmal nicht.

5 Jahre später, 5 Jahre älter, 5 Jahre voller Mix-Experimente wird mein Hoffen nun auch 5-mal so oft erhört :). Aus den Smoothies wurden Suppen, Saucen, Dressings, dann kamen Donuts, Muffins, Pizzen und mehr. Mal sehen wo wir in 10 Jahren sind :).

Davor möchte ich aber erst einmal dich ranlassen. Zaubere dir Nicecream für heiße und Suppen für kalte Tage, grüne Bowls für zwischendurch oder rote Samt-Muffins für besondere Anlässe. Wenn du mal Lust auf Ben & Jerry's (#kindahealthystyle) hast, sorgt der Chunky Monkey-Shake für Genuss – und das alles auch noch gesund und kalorienbewusst, so dass du dein schlechtes Gewissen erst gar nicht aufwecken musst.

Love Story

Watch out for the hidden veggies! They're gonna be your best friends!

Hochleistungsmixer vs. Standardmixer

WELCHER MIXER SOLL ES WERDEN? DER GÜNSTIGE, DER DEN GELDBEUTEL SCHONT, ODER DER TEURE ALLESKÖNNER?

Ein Mixer lässt sich sehr gut an seiner Leistung messen: je höher die Leistung, desto besser das Ergebnis und desto geringer der Zeitverbrauch. Als Hochleistungsmixer bezeichnet man Geräte mit einer Leistung von mindestens 1000 Watt. Wenn du häufiger mixt, kann ich dir die Investition in einen Hochleistungsmixer empfehlen. Du solltest beim Kauf darauf achten, dass dein Mixer folgende Kriterien erfüllt: Neben einer Garantie und einem eingebauten Hitzeschutz sollte dein Mixer auch einen Flexi-Stampfer besitzen, möglichst BPA-frei und hitzebeständig sein. Außerdem ist es wichtig, auf die Größe des Behälters zu achten. Ideal sind zwei unterschiedlich große Behälter: Den Kleineren kannst du für Dressings, Saucen und Aufstriche nutzen, der Größere ist optimal, um Teig, Smoothies oder Nicecream herzustellen.

! Wichtig ist, dass du einen Behälter kaufst, der es dir ermöglicht, eine optimale Sogwirkung zu erreichen. Denn je stärker die Sogwirkung, desto einfacher ist das Mixen. Eine richtige Sogwirkung entsteht aber erst, wenn die Füllmenge deiner Zutaten mindestens drei Zentimeter über dem Messer des Mixers liegt. Im Umkehrschluss bedeutet das: Je weniger Füllmasse du hast, desto kleiner sollte dein Behälter sein.

MUSS ICH MIR JETZT EINEN NEUEN MIXER ZULEGEN?

Nein, denn ich habe alle meine Rezepte in zwei Varianten kreiert. Die ursprünglichen Rezepte sind für die Zubereitung in einem Hochleistungsgeräte gedacht. Damit das gesunde Mixen aber für jeden möglich ist, habe ich meine Rezepte auch für die Zubereitung in einem Standardmixer angepasst.

Wie erhalte ich den perfekten Mix aus Glück?

WELCHE ZUTAT KOMMT WANN IN DEN MIXER?

Gefrorene Zutaten & Eiswürfel

Obst & Gemüse, Nüsse, Samen & Körner

Weiche Inhaltsstoffe

Blattgemüse

Süßstoffe, falls vorhanden

Flüssigkeiten

Was ich immer in meiner Küche habe …

	HEALTHY STARTER KIT	LEVEL UP
PROTEINE	Linsen, Bohnen, Erbsen, Kichererbsen, Soja	Edamame, Tempeh, Lupinen
KRÄUTER	Petersilie, Minze, Basilikum, Koriander, Thymian, Rosmarin, Schnittlauch	Thai-Basilikum, Zitronenmelisse, Dill, Liebstöckel, Salbei
GEWÜRZE	Knoblauch, Ingwer, Chili, Kurkuma, Kreuzkümmel, Gemüsebrühe, Pfeffer, Salz, Kakaopulver, Vanille, Zimt	Safran, Kardamom, Nelken, Senfkörner, Schwarzkümmel, Koriandersamen, Harissa
GETREIDE/ MEHLE	Hirse(mehl), Quinoa(mehl), Hafer(mehl), Reis(mehl), Buchweizen(mehl), Dinkel(mehl)	Amaranth(mehl), Canihua(mehl), Teff(mehl), Kokos(mehl), Mais(mehl), Erdnussmehl, Mandelmehl, Kichererbsenmehl
FLÜSSIGKEITEN	verschiedene Milchsorten auf Pflanzenbasis wie Hafer, Soja, Mandel, Sojasauce, Essig, hochwertige Öle	Kokoswasser, Kokos Aminos, Tamari
NÜSSE & SAMEN	Cashewkerne, Mandeln, Erdnüsse, Walnüsse, Haselnüsse, Sesam, Kürbiskerne, Sonnenblumenkerne, Leinsamen	Maccadamianüsse, Pinienkerne, Paranüsse, Pilinüsse, Pistazien, Pecannüsse, Mohn, Hanfsamen, Basilikumsamen, Chia-Samen
SÜSSSTOFFE	nicht raffinierter Zucker, Datteln	Trockenobst, frisches Obst, Dattelzucker, Kokosblütenzucker

LEVEL UP MORE!

FETTE & FETTALTERNATIVEN
Nussmus, Avocado, Seidentofu, Apfelmus

FEINE EXTRAS:
Hefeflocken, Kakao Nibs, Matcha, Algen, Maulbeeren, Püree aus Açai-Beeren, Berberitzen, Kokosöl

Wo kaufe ich was?

Manche Zutaten sind vor allem in kleinen Städten schwer zu finden. Deshalb habe ich dir hier aufgeführt, wo ich meine Zutaten herbekomme und du hoffentlich auch. Prinzipiell kaufe ich an diesen Orten ein: im Biomarkt, auf dem Wochenmarkt, im Asia-Laden und im Drogeriemarkt.

AUSGEFALLENE ZUTATEN:

- **Miso**
- **Kokos Aminos**
- **Tamari Sauce**
- **Kokosblütenzucker**
- **Hefeflocken**
- **Dattelzucker**
- **Seidentofu**
- **Tempeh**
- **Feto**
- **Flohsamen**
- **Pflanzenmilch**
- **Bindemittel (Guarkernmehl, Tapiokastärke, Speisestärke)**
- **Mehle (Erdnussmehl, Bananenmehl, Teffmehl)**
- **Nussmus**
- **Dattelpaste**
- **Datteln**

IM BIOMARKT

Prinzipiell gilt, für ausgefallene Sachen kannst du erst mal deinen Biomarkt checken. Hier findest du in der Regel so gut wie alles, was auf der Einkaufsliste der ausgefallenen Zutaten steht.

IM DROGERIEMARKT

Wenn du im Biomarkt nicht weiter kommst, kannst du auch im Drogeriemarkt schauen. Hier kaufe ich zum Beispiel besonders gerne meine Hefeflocken. Diese gibt es zwar auch im Biomarkt oder größeren Lebensmittelketten, doch die aus dem Drogeriemarkt schmecken mir besonders gut. Du findest die Hefeflocken im Bereich der Nahrungsergänzungsmittel. Achtung, manchmal sind sie ein bisschen versteckt, aber die Suche lohnt sich.
(Im Absatz „Annelina ihr Ding" auf Seite 35 findest du noch mal mehr zum Thema der gesundheitlichen Vorteile und Unterschiede von Hefeflocken.) Auch findest du hier Pflanzenmilch recht günstig sowie Getreide, Hülsenfrüchte und Tofu. Ich bevorzuge allerdings den Tofu aus dem Kühlregal, da dieser weniger verarbeitet ist.

GLÄSERVORRAT FÜR DIE SCHNELLE KÜCHE:

Hülsenfrüchte wie Kidneybohnen, Kichererbsen und weiße Bohnen kaufe ich beispielsweise nur im Bioladen oder Drogeriemarkt. Hier kannst du sicher sein, dass keine Zutaten wie Zucker oder E-Nummern untergeschmuggelt werden.

AUF DEM WOCHENMARKT

Auf dem Markt bekommst du besonders gut all das, was frisch und bunt aus der Natur kommt. Teilweise findest du hier aber auch lokale Tofuproduzenten, Sprossen oder Fermentiertes.

IM ASIA MARKT UND INTERNATIONALEN LÄDCHEN

Tempeh ist recht schwierig zu bekommen und noch nicht in jedem Bioladen gelistet. Dazu muss man im Bioladen auch etwas tiefer in die Tasche greifen. In größeren Asia-Märkten findest du Tempeh jedoch super gut und preiswert. Am besten einfach den Ladenbesitzer direkt danach fragen.
Tahin, Dattelpaste und Datteln findest du hingegen sehr preiswert und lecker in türkischen Supermärkten.

! Bei Tahin gibt es enorme Unterschiede. Damit dir das Tahin nicht den Brei verdirbt, lohnt es sich, hier etwas genauer zu schauen. Ein leckeres Tahin ist nussig, cremig, flüssig und kaum bitter. Ich kaufe es in einem türkischen oder arabischen Supermarkt und frage dort den Besitzer nach dem besten Tahin.

MEIN EINKAUFS-HACK:

Beim Einkaufen achte ich darauf, dass die Zutatenliste des jeweiligen Produkts möglichst wenige Inhaltsstoffe enthält. Weniger ist hier mehr, denn oft sind unnötige oder ungesunde Zusätze versteckt.

less is more

Mood Food

Ich bin ein großer Fan der *Mood Food*-Theorie. Sprich, ich verwende Zutaten, die die Stimmung aufhellen und gute Laune machen. Zu diesen Glücklichmachern zählt besonders eine essentielle Aminosäure namens Tryptophan, die unseren Glücksboten, den Neurotransmitter Serotonin aktiviert. Zu *Mood Food* zählen nicht nur Kakaobohnen, sondern auch Nüsse, Hülsenfrüchte, Samen und viele weitere eiweißreiche Pflanzen. In Kombination mit komplexen Kohlenhydraten können diese wertvollen Nährstoffe perfekt von unserem Körper aufgenommen und verarbeitet werden. Zusammen mit pflanzlichen Eiweißen (tierische Eiweiße können die Aufnahme nämlich hemmen!) und ballaststoffreichen Zutaten wird dein Essen zu einer richtigen Glücksbombe!

EAT THE RAINBOW!

Das *Regenbogen-Prinzip* ist eine meiner liebsten Ernährungsmethoden. Denn die Natur ist ziemlich schlau und hat hier nichts dem Zufall überlassen. Jede Farbe hat eine Bedeutung und je nach Farbe tragen Obst und Gemüse andere Nährstoffe und andere gesundheitliche Vorteile in sich: unterschiedliche Vitamine, Mineralstoffe, Bitterstoffe und Ballaststoffe. Dazu gehören auch die sogenannten sekundären Pflanzenstoffe. Während primäre Pflanzenstoffe Kohlenhydrate, Proteine und Fette sind, sind sekundäre Pflanzenstoffe eine Vielzahl von chemischen Verbindungen wie beispielsweise die Farbstoffe oder Aromen in Pflanzen. Diese stellt unser Körper nicht selbst her, sie sind jedoch sehr wertvoll für ihn. Beispielsweise wird den Farbstoffen, sogenannten Flavonoiden, eine besonders antioxidative Wirkung zugeschrieben. Viele von ihnen werden auch medizinisch genutzt, beispielsweise um das Immunsystem zu stärken oder sogar Herz-Kreislauf-Erkrankungen vorzubeugen. Für uns bedeuten die tollen Flavonoide ganz einfach:

Gestalte deinen Teller möglichst bunt, freut sich Aug und Mund.

So kannst du dich ganz einfach daran erinnern, regelmäßig und ausreichend Obst und Gemüse in deinen Speiseplan zu integrieren, die dir all die guten Vitamine und Mineralstoffe liefern.
Gemüse ist ein wahres Lebenselixier. Denn egal ob Gurke, Zucchini oder Kürbis, Gemüse ist reich an wichtigen Mikronährstoffen und Ballaststoffen, und enthält dabei nur wenig Kalorien. Auch Obst ist reich an wertvollen Vitaminen und Mineralstoffen und ein echtes Powerfood.

DIE LECKERSTE FARBPALETTE DER WELT

Orangefarbene und gelbe Gemüse- und Obstsorten sind Allround-Talente
Gelbe und orangefarbene Obst- und Gemüsesorten enthalten Nährstoffe in geballter Form. Die leuchtenden Obst- und Gemüsesorten sind reich an Beta-Carotin, Vitamin A und Vitamin C und leistungsstarken Antioxidantien, die freie Radikale in deinem Körper neutralisieren, um unsere Zellen zu schützen.

Für deinen Einkaufszettel: Süßkartoffel, Karotte, Orange, Kürbis, Paprika, Mango, Aprikose, Pfirsich, Banane, Zitrone

SCHLANK-
macher

Ab-
wehrkräfte
SATT

Grünes Obst und Gemüse sind echte Schlankmacher
Grün, grün, grün sind alle meine Farben …
Grüne Gemüsesorten sind reich an sekundären Pflanzenstoffen und tragen zusammen mit einem überraschend hohen Anteil an Ballaststoffen zu einer langfristigen Gesundheit bei. Grünzeug hat eine alkalisierende Wirkung auf deinen Körper. Blattgemüse ist zum Beispiel reich an Proteinen, Eisen und Kalzium. Kohlgemüse hat schwefelhaltige Verbindungen, die die Entgiftung der Leber fördern können, weil sie schädliche und krebserregende Stoffe ausscheiden helfen. Viele Sorten enthalten jede Menge Bitterstoffe. Das ist sehr gut, wenn du ein paar Kilo verlieren willst, denn sie hemmen deinen Appetit und regen den Fettstoffwechsel an. Ganz besonders wertvoll ist Chlorophyll, der grüne Pflanzenfarbstoff, der hochdosiert in den grünen Blättern von Pflanzen steckt. Er wartet nur darauf, von dir aufgenommen zu werden, um dann große blutreinigende und zellschützende Arbeit zu leisten. Auch ist er ein bekannter Radikalfänger.

Für deinen Einkaufszettel: Brokkoli, Spinat, Grünkohl, Rosenkohl, Petersilie, Artischocke, grüne Bohnen, grüner Spargel, Mangold, Erbsen, Weizengras, Feldsalat, Rucola, Gurke, Kiwi, Avocado

Blau-violettes Obst und Gemüse sind wie dein magisches Schutzschild
Je dunkler, desto geballter – zumindest in Sachen Pflanzenfarbstoffe. Das haben auch einige Stars in Hollywood entdeckt und die *Purple Diet* erfunden. Warum lila? Weil da eine volle Ladung Antioxidantien drinsteckt. Diese sorgt für eine wundervolle und makellos strahlende Haut. Außerdem stärken die lila Speisen unser Immunsystem und können sich positiv auf Cholesterinspiegel und Blutdruck auswirken.
Los geht's: Stürz dich in die **50 shades of purple**. Spaß beiseite, gesund is(s)t kunterbunt.

Für deinen Einkaufszettel: Rotkohl, Brombeeren, Auberginen, Heidelbeeren, lila Weintrauben, Açaí-Beeren, Feigen, Pflaumen, schwarze Johannisbeeren, lila Karotten, Holunder

VOLLE Power

Rotes Obst und Gemüse sind Energie für dein Immunsystem

Juhu, jetzt wird schwachem Bindegewebe der Kampf angesagt. Viele rote Beeren und Trauben sind stolze Hüter von antioxidativem Vitamin C. Das Powervitamin lässt nichts so leicht an dein Immunsystem ran und sorgt für ein straffes Bindegewebe. Also finden wir auch hier wieder die magischen Antioxidantien. Was sie Schönes können, wissen wir ja bereits.

Rotes Obst und Gemüse sind ebenfalls eine hervorragende Folsäure-Quelle und unterstützen ein kraftvolles Herz und einen gesunden Darm. Tomaten punkten mit Vitamin A und E und sind dank eines hohen Lycopin-Gehaltes sehr gut fürs Blut. Dieser gehört zu den Carotinoiden und soll unter anderem das Risiko für Schlaganfälle senken, den Blutdruck regulieren und das Herz-Kreislauf-System schützen. Werden Tomaten erhitzt, steigt ihr Lycopingehalt sogar.

Für deinen Einkaufszettel: Tomaten, Paprika (rot), Rote Bete, Erdbeeren, Granatapfel, Himbeeren, Wassermelone

Gesundheit PUR

Weißes Gemüse: Bye-bye Entzündung

Weiß ist eine der besonderen Farben, die keine Farbe ist. Wir haben es hier zwar mit keinem Farbstoff zu tun, aber mit jeder Menge an Ballaststoffen und den Schwefelverbindungen Alliin und Allicin.

Viele weiße Gemüsesorten zählen zu den heimischen Superfoods. Blumenkohl enthält zum Beispiel unglaublich viele Nährstoffe. Zwiebeln und Knoblauch können deine Blutzuckerwerte senken und haben erstaunliche entzündungshemmende und antibakterielle Eigenschaften. Zwiebeln zählen zudem zu den präbiotischen Nahrungsmitteln, die „gute Bakterien" in das Verdauungssystem einschleusen.

Für deinen Einkaufszettel: Blumenkohl, Zwiebeln, Knoblauch, Lauch, weißer Spargel, Fenchel

Das Nährstoff 1x1

GOLDEN GRAINS - GESUNDE KOHLENHYDRATE

Getreide solltest du unbedingt in deine Ernährung integrieren. Die Kohlenhydrate sind es, die als wichtigste Energiequelle unseren Körper am Leben halten. Rund 60 % unseres Kohlenhydratverbrauchs entfallen auf das Gehirn bzw. das zentrale Nervensystem. Aufgrund des höheren Gehalts an Mineralstoffen, Vitaminen und Ballaststoffen ist bei allen Körnern die Vollkorn-Variante die bessere Wahl. Vollkorn ist reich an Nährstoffen und hat einen hohen Kleieanteil, wodurch es besonders ballaststoffreich ist. Das sorgt nicht nur für genügend Power und hält dich lange satt, sondern fördert auch eine gesunde Verdauung.

Merke: Es gibt einige Zellen in unserem Körper, wie etwa die roten Blutkörperchen, die einzig Kohlenhydrate als Energiequellen nutzen können.

Meine Lieblinge:

Buchweizen ist besonders eiweißreich, stärkehaltig und angenehm nussig im Geschmack. Die dreikantigen Früchte des Buchweizen esse ich besonders gerne gekeimt oder gesprossen in Müslis und Bowls. Als Mehl verarbeitet, eignen sie sich super zum Backen, für Crêpes oder Suppeneinlagen.

Quinoa hat seine Heimat in den südamerikanischen Anden. Die senfkorngroßen, gelben, weißen oder rötlichen Körner sind sehr proteinreich und enthalten viel Eisen, Magnesium sowie B-Vitamine. Quinoa lässt sich wie Reis zubereiten, mit dem Unterschied, dass die Kochzeit kürzer ist.

Hirse feiert ihr Comeback und wird zu Recht auch als Schönheitselixier betitelt. In Hirse steckt ein hoher Anteil an Silizium, der sich positiv auf das Hautbild sowie Haare und Fingernägel auswirkt. Dazu ist Hirse auch richtig reich an Eisen. Ich persönlich esse Hirse gerne als süßen Brei mit Apfelmus oder verarbeitet zu Bratlingen.

Amaranth stammt aus der Familie der Fuchsschwanzgewächse und ist sehr sättigend, stärke- sowie proteinhaltig. Ganz besonders liebe ich ihn aber aufgrund seines Lysingehalts, eine recht selten vorkommende essentielle Aminosäure. Auch Amaranth esse ich am liebsten als süßen Brei oder in Bratlingen.

HÜLSENFRÜCHTE - GESUNDE PROTEINE

Sie sind klein, kugelrund und nicht zu unterschätzen. Hülsenfrüchte sind reich an Ballaststoffen und eine erstklassige Proteinquelle. Ihre langkettigen Kohlenhydrate halten zudem lange satt. Sie punkten mit zahlreichen Vitaminen und Mineralstoffen und sind auch für eine fett- und natrium- oder cholesterinarme Ernährung geeignet. Ich esse Hülsenfrüchte meist zweimal am Tag. Entweder unverarbeitet als ganze Frucht oder verarbeitet als Hummus, Tofu, Tempeh oder Sojajoghurt.
Zu den bekanntesten Hülsenfrüchten gehören beispielsweise Kichererbsen, Bohnen, Linsen, Sojabohnen und Erbsen. Ich esse auch gerne Lupinen oder gekeimte Alfalfa auf dem Salat.

Merke: Proteine sind der Grundbaustein aller menschlichen Zellen. Darüber hinaus erfüllen sie weitere Funktionen beim Stofftransport sowie der Steuerung und Regulation von beispielsweise Hormonen.

Meine Lieblinge:

Kichererbsen sind sehr vielseitig verwendbar und unverzichtbar in der orientalischen Küche. Sie geben Dips und Brotaufstrichen eine besondere Note, sind jedoch auch prima zum Backen geeignet. Ich esse sie am liebsten pur oder als *Cookie Dough* verarbeitet.

Weiße Bohnen sind mild im Geschmack, weswegen ich sie gerne in Salatdressings, Saucen, Suppen und Brownies als proteinreiche Fettalternative verwende.

Kidneybohnen schmecken herzhaft und behalten auch nach längerem Kochen noch Form und Biss.

Beluga Linsen gehören zu den Gourmet-Linsen, die recht einzigartig würzig im Geschmack sind. Ich esse sie gerne im Salat und in Suppen und Eintöpfen.

Sojabohnen sind der Star unter den pflanzlichen Proteinen mit dem höchsten Eiweißgehalt. Sojaprotein ist cholesterinfrei und weist generell einen sehr niedrigen Fett- und Kohlenhydratanteil auf. Durch ein gutes Aminosäurenprofil liefern Sojabohnen eine geniale anabole Wirkung, sprich, sie eignen sich sehr gut für den Muskelaufbau.

Grüne und gelbe Spalterbse: Während die grünen Erbsen etwas würziger sind, wird die gelbe Erbse als die milde Variante beschrieben. Die grünen Erbsen verarbeite ich beispielsweise in Eintöpfen und Pürees, während die gelben super lecker im indischen Hülsenfruchtgericht Dhal schmecken.

Linsen, Bohnen (auch Sojabohnen) und Lupinen sind zudem heimische Hülsenfrüchte und somit besonders wertvoll für unser Ökosystem.

EIN SCHRITT ZURÜCK – VON ÖLEN ZU NÜSSEN UND SAMEN

Yeah, wir dürfen voll fett genießen!

Fette sind sehr gesund und machen kugelrund! Keine Sorge, wenn wir hier zu den richtigen Fetten greifen, machen sie eher rundum glücklich.

Auch bei Fetten gilt für mich, je weniger verarbeitet, desto vorteilhafter. Öle werden in meiner Küche so gut wie nicht eingesetzt, Nüsse, Samen, Saaten und fetthaltiges Obst wie Avocado und Oliven hingegen umso mehr. Denn unverarbeitete Fette enthalten neben den Fetten noch viele weitere tolle Nährstoffe. Beim Essen von **Nüssen** bekommst du beispielsweise neben den gesunden Fetten noch viele Mineralien, Vitamine und Eiweiße als Plus. Isst du **Oliven**, schenken diese dir einmal ihre Ölsäure, die leicht verdaulich ist und aus ungesättigten Fettsäuren besteht. Gratis dazu erhältst du noch einige sekundäre Pflanzenstoffe sowie Vitamin E.

Saaten liefern neben gesunden Fetten noch wertvolle Ballaststoffe und Vitamine. Meine Lieblinge sind hier **Leinsamen**, Chiasamen und Hanfsamen.

Die **Avocado** ist quasi die gesunde Butter vom Baum. Neben ihren wertvollen Fettsäuren bringt sie eine Vielzahl an Antioxidantien mit sich.

Die **Kokosnuss** macht ihrem Namen keine Ehre, denn sie ist eine Beere. Laut Wissenschaftlern könnten wir uns wochenlang vom weißen Fruchtfleisch und Kokoswasser ernähren, ohne einen Mangel zu erleiden.

Wenn es um **Kokosöl** geht, finden wir einige negative Schlagzeilen in den Medien. Ich persönlich mag es jedoch ganz gerne zum Backen, denn Kokosöl kann sehr heiß erhitzt werden. Im Kokosöl finden wir viele gesättigte Fettsäuren, welche dem Öl auch die vielen Schlagzeilen eingebracht haben. Jedoch sind innerhalb der gesättigten Fettsäuren besonders die Fettsäuren mit mittlerer Kettenlänge ziemlich interessant. Unser Körper lagert diese nicht ein, sondern transportiert sie zur Leber. Unser schlaues Helferchen wandelt die mittelkettigen Fettsäuren (eng. MCT) dann sofort in Energie um. Dadurch verbessert sich unser Stoffwechsel und die Fettverbrennung wird angekurbelt. Nichtsdestotrotz sollte man mit der Menge von gesättigten Fettsäuren vorsichtig sein und dementsprechend auch Kokosöl nur in Maßen genießen.

Merke: Fette schützen unsere Organe und dienen als langanhaltender Energiespeicher.

"sugar, ah, honey honey,
you're my candy girl..."

sweet

VON NATUR AUS SÜSS!

Süßes schmeckt, sorgt für gute Laune und ist sogar ein wahrer Energiespender, der unser Gehirn anregt und unsere Leistungsfähigkeit auf Hochtouren bringt – allerdings nur für kurze Zeit, denn dann sinkt der Insulinspiegel wieder rapide ab und wir fühlen uns antriebslos und müde. Aber Zucker ist nicht gleich Zucker. Statt zu raffiniertem Zucker zu greifen, der zu Heißhunger auf noch mehr Süßes führt und ein Risiko für Adipositas, Diabetes, Herz- oder Magen-Darm-Krankheiten birgt, kannst du dich für nährstoffreiche Alternativen entscheiden. Generell ist es am besten, mit ganzen Früchten zu süßen. Frische Früchte wie zum Beispiel Banane, Apfel oder Mango enthalten von Natur aus eine große Menge an Fruchtzucker und eignen sich hervorragend zum Süßen. Neben dem Fruchtzucker enthalten sie auch Ballaststoffe, was dazu führt, dass der Blutzuckerspiegel weniger stark ansteigt, als beim Konsum von raffiniertem Zucker. Auch getrocknetes Obst wie beispielsweise Datteln, Rosinen oder Feigen kannst du sowohl in herzhaften als auch süßen Gerichten verwenden. Wenn es um die Nährstoffdichte von Zuckern geht, gilt prinzipiell: Obst vor Trockenobst, Trockenobst vor Zucker und Zucker vor Sirup. Teilweise greife ich auch auf Zuckeraustauschstoffe wie Bio-Birkenzucker oder Bio-Stevia zurück. Besonders Birkenzucker ist recht neutral im Geschmack und macht sich deswegen besonders gut in heißer Schokolade oder anderen Heißgetränken sowie in Dressings.

Dattelzucker ist mir am liebsten, wenn es um Zuckeralternativen geht, und bekommt deswegen etwas mehr Aufmerksamkeit von mir. Denn Dattelzucker besteht zu 100 % aus Datteln. Erst werden sie getrocknet, gerieben und dann sind sie Zucker. Die Zusammensetzung ist noch die gleiche wie die der ganzen Frucht und damit ist Dattelzucker der reinste Zucker mit einer zugleich hohen Nährstoffdichte. Wir essen nicht nur süß, sondern süß mit Mehrwert – Mehrwert an Vitamin B6, Eisen und Magnesium. Die Süße von Datteln ist aufgrund des milden Geschmacks sehr vielseitig einsetzbar und kann im Verhältnis 1:1 wie brauner Zucker verwendet werden.

Kokosblütenzucker ist der Star unter den niedrig-glykämischen Süßstoffen. Er wird aus dem reinen Saft der Kokosblüte gewonnen. Durch die Karamellnote ist dieser Zucker besonders für Desserts, Backwaren oder Heißgetränke geeignet.

Kokosblütensirup wird aus dem Nektar der Kokosblüten gewonnen und hat deshalb eine starke Süßkraft. Der Sirup ist schnell löslich und schmeckt besonders gut in einem Müsli oder Joghurt.

Ahornsirup wird aus dem Saft des Ahornbaumes gewonnen. Durch die feine und besonders süße Karamellnote eignet sich Ahornsirup gut zum Backen.

Reissirup ist sehr mild und enthält eine leicht nussige Geschmacksnote. Da Reissirup hauptsächlich Glucose, Maltose und Mehrfachzucker enthält, ist er besonders gut für Menschen mit Fructoseintoleranz geeignet. Der Kaloriengehalt ist geringer als der von Haushaltszucker, was allerdings auf den Zusatz von Wasser zurückzuführen ist. Daher ist die Süßkraft geringer.

Agavendicksaft nutze ich nicht. Der große Anteil an verarbeiteter Fructose ist problematisch. Fructose aus der Frucht ist kein Problem, aber in verarbeiteter Form ist sie sehr kritisch zu betrachten. Am ungesündesten ist der aus Mais gewonnene *High-fructose corn syrup*, der in den USA häufig in Lebensmitteln genutzt wird. Agavendicksaft geht auch in diese Richtung, und daher würde ich hiervon abraten.

When Glutenfree Matters
DER GLUTEN FAKT:

Schwarz plus weiß gibt GRAU, machen wir wieder weiß draus.

Um sich vor seinen natürlichen Feinden zu schützen, entwickelte unser Getreide über viele Jahre hinweg natürliche Abwehrfaktoren: das Gluten, Hauptprotein im Weizen.
Prinzipiell ist Gluten überhaupt nicht schlecht und Getreide, das viel Gluten enthält, kann sehr gut sein. Doch dann kam der Mensch und alles wurde anders. Nein, Spaß beiseite.
Tatsächlich hat sich Gluten, das Klebereiweiß, über die Zeit hinweg sehr verändert. Gluten ist das, was unser Gebäck so schön fluffig macht, da sein Backtrieb gigantisch ist. Das fanden auch die Bauern früh heraus und dachten sich, das könnte man optimieren. Sie machten das Gluten zum Fokus ihrer Getreidezucht, und schnell gelang es, seinen Anteil im Korn zu vergrößern und die Elastizität zu verstärken. Allerdings haben unsere Verdauungsenzyme große Schwierigkeiten damit, das klebrige Gluten in freie Aminosäuren aufzuspalten. So klagen einige Menschen vermehrt über Bauchschmerzen. Die sogenannte Glutensensibilität kann durch einen Überkonsum an Gluten oder den Konsum zu schnell verarbeiteter Ware noch verstärkt werden.

GLUTENSENSIBEL? HANDMADE UND BIO GEHT NOCH:

Kaufen wir ab und an gute Bio-Mehle und backen damit selbst, oder kaufen ein selbst gebackenes Bio-Bauernbrot, bleiben die Bauchschmerzen nach dem Essen gegebenenfalls aus. Der Grund: Nicht nur der Weizen hat sich verändert, sondern auch die Backkultur. Welcher Bäcker kann es sich noch erlauben, seinen Teig halbe bis ganze Tage ruhen zu lassen? Falls du einen kennst, unterstütze ihn unbedingt, dann wird er es auch in Zukunft noch können. Denn durch das Ruhen des Teigs kann das Brot deiner Verdauung auch etwas Gutes tun. Die gärende Hefe braucht schließlich auch Nahrung und nimmt sich so ganz frech die unterschiedlichen Zuckerarten, die im Weizenmehl stecken. Sie verdaut quasi für uns vor.
Auch Keimen und Fermentieren hilft bei der Verdaulichkeit enorm. Ein sehr gut verträgliches Brot ist beispielsweise das Sauerteigbrot oder eins, das aus gekeimtem Roggen gemacht wurde. Vertraue da am besten deinem Körper, der weiß ganz genau, was er will.

DER GLUTEN FAKT HAFERFLOCKEN:

Mal ist Hafer glutenfrei, mal nicht. Was ist denn nun richtig? Hier die Entwirrung der Verwirrung!
Hafer an sich ist glutenfrei. Für die meisten Menschen mit Glutensensibilität sind Haferflocken okay. Jedoch gibt es eine Minderheit an Personen mit Zöliakie, einer absoluten Glutenunverträglichkeit, die leider auch Haferflocken nicht vertragen, dies aber in der Regel auch ganz genau wissen. Das liegt daran, dass Hafer durch Gluten anderer Getreide „verunreinigt" wird. Der Großteil des kommerziellen Hafers wächst in der Regel neben Weizenfeldern oder anderen nicht glutenfreien Körnern wie Gerste und Roggen und wird in Anlagen verarbeitet, die eben diese auch verarbeiten. Das hat zur Folge, dass Gluten in den Hafer gelangen kann.
Erfreulicherweise sind aber auch zu 100 % glutenfreie Haferflocken leicht zu bekommen und im Vergleich immer noch die günstigsten glutenfreien Körner auf dem Markt. Wenn du also nach dem Verzehr von handelsüblichem Hafer Unbehagen verspürst, empfehle ich dir die sichere, glutenfreie Variante.

GLUTEN WEH WEH ADE – WOMIT DU DIR DEIN EIGENES MEHL MIXEN KANNST

Auch wenn es für manche ein merkwürdiger Trend ist, weil sie in der Lage sind, Gluten aufspalten zu können, hast du bei dem Ganzen hin und her vielleicht einfach trotzdem für dich beschlossen, gleich ganz glutenfrei zu essen. Oder du hast Zöliakie und deine Verdauung hat für dich bestimmt. Ein Träumchen, dass wir so wunderbare Alternativen an glutenfreien Mehlen haben, bei denen die meisten auch ganz besonders reich an Proteinen und Ballaststoffen sind und wenig Kohlenhydrate enthalten. Es wird noch besser, denn mit unserem Mixer können wir die meisten Mehle auch selbst und dazu noch viel günstiger herstellen.

Um **Mandelmehl** herzustellen, nimmst du rohe Mandeln, blanchierte oder mit Haut, die du in deinem Mixer zu feinem Mehl verarbeiten kannst. Mandelmehl eignet sich sehr gut zum Backen von Keksen, Kuchen oder Crumble Toppings. Durch das Nussaroma erinnert das Ergebnis leicht an Marzipan.

ANNELINA'S TIPP:
Ich streue das Mehl gerne auch einfach mal über den Salat.

Kokosmehl wird aus getrockneten Kokosnüssen hergestellt. Die Struktur von Kokosmehl ist sehr kompakt und es ist reich an Proteinen und Ballaststoffen. Kokosmehl kannst du in Pudding, Gebäck oder Saucen verarbeiten. Außerdem schmeckt es in Smoothies besonders lecker. Der tropische Geschmack lässt uns von weißen Stränden und warmen Sonnenstrahlen träumen.

GLUTENFREIE VOLLKORNMEHLE:

In punkto Nährwerte, Verdauung und Geschmack – ja eigentlich bei allem – ist **Teffmehl** eins meiner Lieblinge. Dieses glutenfreie Mehl stellst du aus Teffsamen her. Teffsamen sind

reich an essentiellen Fettsäuren und Mineralstoffen sowie Eisen. Teff ist Zwerghirse und Grundnahrungsmittel in Äthopien. Als Mehl lässt es sich gut zu Brot, Wraps, Muffins, Kuchen und Keksen verarbeiten.

Buchweizen kommt seinem Namen nicht so ganz nach, denn es hat so gar nichts mit Weizen zu tun. Es gehört zu den Knöterichgewächsen und lässt sich im Mixer ebenfalls zu Mehl mahlen. **Buchweizenmehl** hat einen vollen, nussigen Geschmack und einen sehr hohen Nährstoffwert. Es eignet sich am besten zum Backen von Brot, Kuchen und Pfannkuchen.

Zur Herstellung von **Hafermehl** kannst du entweder ganze Haferkörner mahlen oder bereits gemahlene Haferflocken in deinen Mixer geben. Hafermehl ist reich an essentiellen Aminosäuren und wichtigen Mineralstoffen wie Kalium oder Magnesium. Die enthaltenen Ballaststoffe sind gut löslich und regulieren den Blutzucker. Hafer erreicht in deiner Küche ein ähnliches Ergebnis wie Weizen und ist deswegen und aufgrund der leichten Herstellung in der Küche vielseitig einsetzbar.

Egal ob rot, braun oder weiß, jede Sorte Reis kann zu Reismehl gemahlen werden. **Reismehl** eignet sich durch den leicht nussigen, milden Geschmack nicht nur zum Backen, sondern auch zum Andicken von Saucen oder Suppen.

Weitere glutenfreie Vollkornmehle: Sorghummehl (Süßhirsemehl), Quinoamehl, Hirsemehl und Kochbananenmehl sind glutenfreie Alternativen zu herkömmlichem Weizenmehl.

Auch getrocknete **Bohnen** kannst du, genauso einfach wie Getreide, zu Mehl mahlen. Es empfiehlt sich jedoch, sie davor etwa 20–30 Minuten bei 150 °C zu rösten. **Bohnenmehl** enthält dadurch besonders viele Proteine und Ballaststoffe. Mehl aus Bohnen hat einen intensiven Geschmack, deshalb empfehle ich, es mit anderen Mehlsorten zu mischen. Du kannst es sowohl für die Zubereitung von süßen als auch herzhaften Gerichten verwenden. Meine drei Lieblinge hier sind Kichererbsenmehl, weißes Bohnenmehl und Sojamehl. **Stärkemehle** wie Kartoffelmehl oder Tapiokamehl eignen sich besonders gut zum Binden von Saucen, Aufläufen, Eintöpfen, Dressings und Kuchen.

GLUTENFREIE *Mehle*

	Rührteig Muffins, Kuchen, Waffeln	**Mürbeteig** Kekse, Tartes, Quiche	**Hefeteig** Pizza, Brot	**Binden** Saucen, Suppen
Amaranthmehl		●	●	
Vollkornreismehl	●	●		
Buchweizenmehl	●		●	
Guarkernmehl/Stärkemehl				●
Hafermehl	●	●	●	●
Hirsemehl	●		●	
Maismehl	●	●		
Quinoamehl		●	●	●
Süßlupinenmehl	●			
Teffmehl	●	●	●	●
Weißes Reismehl	●	●		
Kastanienmehl	●		●	
Kokosmehl	●			
Mandelmehl/Erdnussmehl	●			●
Kichererbsenmehl	●	●	●	
Sojamehl	●		●	

Annelina ihr Ding:

Mal ganz ehrlich, Superfoods braucht keiner, oder zumindest den Begriff, der ist reines Marketing. Lass uns lieber Wunderbringsel sagen. Es gibt sie nämlich schon ewig und das klingt so schön nach Magie. Natürlich können Wunderbringsel auch nicht zaubern, aber ein Hauch von Magie ist schon fühlbar. So denke ich zumindest.
Ich habe sehr viele persönliche Wunderbringsel und sie alle kombiniert, wirken definitiv magisch. Damit mein Enthusiasmus für die pflanzliche Ernährung hier halbwegs vernünftig auf die Seiten passt, beschränke ich mich auf ein paar „Favoriten der Favoriten".

Hanfsamen enthalten einen beeindruckenden Anteil an Proteinen und Ballaststoffen sowie gesunden Fettsäuren. Sie sind ideal, wenn du Muskeln aufbauen oder dich regenerieren möchtest, denn neben den Proteinen enthalten sie auch jede Menge Magnesium. Die Samen schmecken leicht nussig, und du kannst sie ganz einfach in deinen Salat oder deinen Smoothie mischen. Aus Hanfsamen lässt sich aber auch pflanzliche Milch machen.

Kurkuma ist Magie pur! Kurkumin, die aktivste Komponente der Kurkumawurzel hat entzündungshemmende und schmerzlindernde Eigenschaften und trägt bei regelmäßiger Verwendung zur Ausscheidung von Schwermetallen im Körper bei.
Da sich Kurkumin nicht in Wasser auflöst, kann es in reiner Form nur schwer von unserem Körper aufgenommen werden. Beim Kochen, durch Zugabe von Öl oder schwarzem Pfeffer kannst du die Bioverfügbarkeit von Kurkumin erhöhen. Auch wenn du frisches Kurkuma verwendest, unterstützt das eigene Fett der Pflanzenknolle die Aufnahme.
Egal ob Suppen, Eintöpfe, Currys oder Smoothie-Bowls, mit Kurkuma kannst du jedes Gericht verfeinern.

Sprossen und Mikrogrün: Zuerst kommt der Samen, dann der Spross und dann das Mikrogrün. Sie sind die wahren Wunderbringsel und sozusagen zum Leben erweckte Samen in Form einer Baby-Pflanze. Durch den Keimprozess werden Proteine zu freien Aminosäuren umgewandelt, Fette zu Fettsäuren. Beide Formen sind besser von deinem Körper aufnehmbar. Ziemlich cool finde ich, dass die kleinen Dinger auf dem Weg zum Idealgewicht helfen können. Denn durch ihren hohen Wasser- und Ballaststoffanteil sind sie kalorienarm. Das hilft der Verdauung und fördert unser Sättigungsgefühl. Eine runde Sache würde ich sagen.
Auf meiner Fensterbank finden sich meist gesprossene Kichererbsen, Linsen, Buchweizen und Leinsamen.

Mit knackigen Alfalfa-, Brokkoli- oder Radieschensprossen kannst du Salaten, Suppen und belegten Broten eine frische Komponente hinzufügen.

Brokkolisprossen als Naturheilmittel: Besonders toll sind die Brokkolisprossen, da diese Sulforaphan (Senföl) enthalten, das für seine krebshemmende Wirkung bekannt ist.

Der Unterschied zwischen Sprossen und Mikrogrün liegt übrigens darin, dass Mikrogrün im Entwicklungsprozess schon einen Schritt weiter ist, sich aus den Sprossen kleine Pflänzchen gebildet haben und diese bereits chlorophyllhaltig sind. Nach Studien der Universität von Maryland ist der Vitamingehalt bei einigem Mikrogrün bis zu 40-mal höher als bei der ausgewachsenen Pflanze.

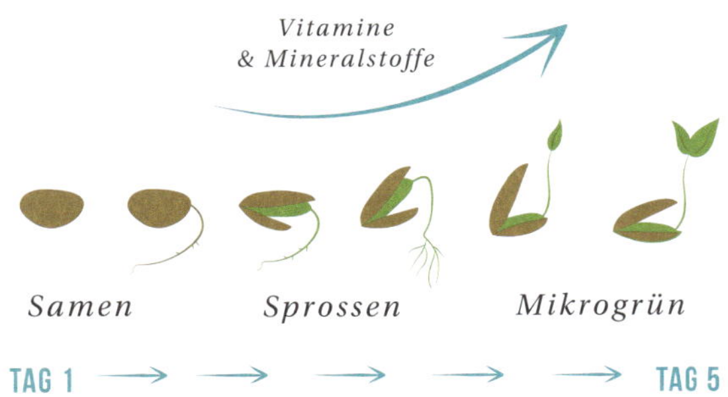

Mit **Hefeflocken** überlebst du auch vegan.
Spaß beiseite, aber Hefeflocken haben einen leicht parmesanartigen Geschmack, weswegen sie sich in der pflanzlichen Küche großer Beliebtheit erfreuen. Ebenso auch in der „gesundheitsbewussten Küche". Mein Vater hat sie mir, seit ich denken kann, schon immer über den Salat gestreut. Denn Hefeflocken alias Nährhefe sind eine inaktive Hefe, die einen hohen Nährwertgehalt, viele Proteine und wichtige B-Vitamine aufweist. Zudem ist sie cholesterin-, natrium- und fettarm. Hefeflocken sind jedoch nicht gleich Hefeflocken, denn ihr Nährboden entscheidet über ihre Qualität, wie beispielsweise Melasse, Bier oder Getreide. Ein Vollkorngetreide-Nährboden liefert mehr Mineralien und Vitamine als Melasse oder Bier, schmeckt jedoch weniger parmesanartig und mehr „öko". Du darfst hier wählen.
Nachdem sich Hefepilze genährt und vermehrt haben, entsteht eine flüssige Hefe. Diese wird auf Walzen gesprüht, getrocknet und in Flockenform gebracht. Beim Trocknen wird die Hefe inaktiv, so dass sie keine lebenden Pilzzellen mehr enthält.

Merke: Hefeflocken sind hitzeempfindlich. Wenn du ihre Gesundheitsvorteile genießen möchtest, gib sie nur fertigen Speisen bei. Beim Kochvorgang gehen die B-Vitamine verloren. Wenn du glutensensibel bist, achte darauf, dass du glutenfreie Hefeflocken kaufst. Das Nährmedium steht meist kleingedruckt auf der Packungsbeilage. Die Hefeflocken findest du im Bioladen oder Reformhaus, in größeren Supermärkten oder auch im Drogeriemarkt in der Nahrungsergänzungsmittel-Abteilung.
Du kannst Hefeflocken beispielsweise zum Würzen, als Käseersatz oder für Brotaufstriche verwenden.

Miso ist das japanische Äquivalent zum Brühwürfel. Das Magische daran: Miso ist fermentiert und somit eine Quelle gesunder Probiotika, die hervorragende Unterstützer unserer Verdauung sind. Es besteht aus lediglich 5 Zutaten – gekochten Sojabohnen, Kōji, Salz, Wasser und Zeit. Je länger sie fermentieren, desto besser. Sehr gute Miso-Pasten fermentieren bis zu 24 Monaten – meine eher sechs Monate. Aber hey, der Wille zählt.
Das Kōji ist ein guter Schimmelpilz, der meist von Generation zu Generation gezüchtet wird. Genau wie Tamari sorgt Kōji für einen leichten umami Geschmack.
Wie auch bei Bier, kannst du Miso in verschiedenen Reifegraden und unterschiedlicher Farb- und Stärkeintensität kaufen oder herstellen.
Helle Pasten fallen unter die Kategorie Softies. Sie sind mild und leicht lieblich im Geschmack. Sie punkten in Dressings und Marinaden.
Gelbe, senffarbene Miso-Pasten zählen zur Kategorie Mischling. Sie sind eine Paarung aus mehreren Reifegraden.
Dunkle, kastanienrote Varianten stehen in der Kategorie Kämpfer. Sie sind extrem würzig und geschmacksintensiv und passen gut zu kräftigeren Gerichten und Gemüsesorten wie Aubergine.

Merke: Miso solltest du nie kochen, sondern nur erhitzen, da sonst die gesunden Probiotika abgetötet werden.

Da ich wirklich auf Fermentiertes stehe, möchte ich auch **Tempeh** erwähnen. Er wird wie Tofu aus Sojabohnen gewonnen, anschließend aber noch mit Schimmelpilzen fermentiert. Zur Vorbereitung werden die Sojabohnen gekocht und geschält. Mithilfe eines Tempeh-Starterpilzes wird die Fermentation gestartet, durch welche der Tempeh für uns besonders bekömmlich und wertvoll wird. Nach 24–48 Stunden Reifung im indonesischen Klima oder einer lokalen Alternative, hat sich der Pilz zwischen den Bohnen ziemlich gut vermehrt und ausgebreitet. Heraus kommt ein bissfester Block Tempeh. 100 g Tempeh enthalten ca. 20 g Eiweiß und dazu viele Vitamine, Mineralstoffe, Probiotika, Enzyme und Ballaststoffe. Mariniert und gebraten mit Tamari und Kokosmilch schmeckt das richtig gut. Natürlich kannst du ihn auch dämpfen, kochen, räuchern oder frittieren.
Tempeh bekommst du im Biomarkt oder beim Asia-Laden um die Ecke. Geschmacklich gibt es hier große Unterschiede. Deswegen nicht gleich aufgeben.

Kokos Aminos ist eine sojafreie Würzsauce aus Kokospalm-Blütensaft. Okay, das ist wirklich etwas neuer in Deutschland und leider noch kaum im stationären Handel erhältlich. Wenn du sie siehst, also gleich horten, denn wie ihr Name schon sagt, ist der Aminogehalt sehr beeindruckend. Aber auch in Sachen Nährstoffe, kann die süßliche Gewürzsauce richtig punkten. Denn wenn der Kokosbaum geklopft wird, tritt aus den Kokosblüten dieser nährstoffreiche Saft aus. Dem Nektar wird lediglich Meersalz hinzugefügt, mittels dessen die Fermentation durch die Sonnenwärme erfolgt. Der glykämische Index liegt gerade mal bei 35 und der pH-Wert ist fast neutral.
Kokos Aminos kann wie Sojasauce eingesetzt werden und schmeckt zum Beispiel hervorragend in Salatsaucen. Da es ein rohes, lebendes Produkt ist, sterben beim Erhitzen wertvolle Mikroorganismen und viele Nährwerte gehen verloren.

Er ist glitschig, er ist weiß und er hat viele Charaktere. Wenn wir das erste Mal einen **Seidentofu** in der Hand halten, wissen wir wahrscheinlich erst mal gar nichts damit anzufangen. Bei diesem Namen muss man ihm aber definitiv eine Chance geben. So charmant, seidig und edel. Seidentofu ist einer

meiner absoluten Küchen-Lieblinge und etwas, das ich trotz Plastik und mehrerer Verarbeitungsschritte sehr viel kaufe und nutze.
Der Seidentofu fühlt sich in Japan zuhause und wird dort traditionell in Suppen, eisgekühlt oder angewärmt in etwas Sojasauce, verzehrt. In der westlichen Küche wird das glitschige Etwas gerne als Ersatz für Quark, Joghurt und Sahne benutzt. Der Seidentofu ist ein kleines Genie, das sich überall anpasst: Einerseits punktet es in feinen Desserts oder nahrhaften Getränken. Ebenso gut macht es sich aber als Grundlage für herzhafte Saucen, Dips und Suppen. Sein neutraler Geschmack ist vielseitig einsetzbar. 60 g pürierter Seidentofu können beim Backen sogar ein Hühnerei ersetzen. In diesem Buch findest du beispielsweise ein Schokoladenmousse (auf S. 162), eine Quiche (auf S. 158), eine fettfreie Mayonnaise (auf S. 106) und einen Käsekuchen (auf S. 179) mit der Zutat Seidentofu.

Und so wird Soja zum Seidentofu:
Seidentofu stammt aus Japan und seine Herstellung war lange Zeit erfahrenen Meistern vorbehalten. Nur ihnen gelang es, dem Seidentofu seine charakteristisch seidigen Züge zu verleihen. Man lässt die Sojabohnen dazu zwölf Stunden quellen. Danach werden sie mit Wasser vermahlen und in einem Dampfdrucktopf gekocht. Anschließend werden die Schalen- und Faserstoffe ausgesiebt und die so entstandene Sojamilch mit Nigari, einem natürlichen Gerinnungsmittel, vermischt. Die Masse wird in Schälchen abgefüllt und darf dann im Ofen gerinnen, bis sie seidig und glibberig wird. Mittlerweile müssen wir Tofu nicht mehr aus Japan einführen sondern sind selbst Meister. Einige Marken stellen beispielsweise 100 % Bio-Tofuprodukte her, mit Sojabohnen aus Deutschland, Frankreich oder Österreich.

Flohsamenschalen – deine liebsten Freunde der Darmpflege. Das hört sich erst mal nicht gerade appetitlich an und auch nicht vegan – ist es aber! Die Samen sind echt cool, besonders wenn es um die Darmtätigkeit und das Reinigen des Darms geht. Und natürlich haben sie rein gar nichts mit den Samen von Flöhen zu tun. Die Samen entstammen den Wegericharten Plantago und bekamen ihren Namen, weil sie in Farbe, Form und Größe an Flöhe erinnern.
Diese ‚Flöhe' kannst du beispielsweise in Wasser einweichen. Dann nehmen sie aufgrund ihrer Schleimstoffe gigantisch zu und dicken alles ein. Ihr Quellvermögen ist ein wahrer Traum für deinen Darm, besonders wenn du unter Verdickung oder Verdünnung deines Stuhlgangs leidest. In beiden Fällen wirken die Samenschalen heilend. Da sie Wasser binden, vergrößert sich ihr Volumen im Darm. Die Darmtätigkeit wird angeregt. Aber keine Angst, du wirst nicht plötzlich überrascht, es dauert 12–24 Stunden, bist die Schleimstoffe den Stuhl gleitfähiger machen.
Bei überschüssiger Flüssigkeit im Darm können Flohsamenschalen ebenfalls helfen. Sie saugen sie förmlich weg und verdichten den Stuhl. Die Schleimstoffe der Flohsamenschalen legen sich zudem schützend auf eine gereizte oder entzündete Darmschleimhaut und sorgen auch hier für Linderung. Der „Frühjahrsputz" kann also beginnen.

Dosierung:
Das „Putzmittel": 1 TL Flohsamenschalen auf 200 ml Wasser + 30 min Einwirkzeit
Die Reinigung: Mischung trinken und mit zwei Wassergläsern nachspülen.
Keep it clean: Maximal 10 bis 20 g Flohsamenschalen, aufgeteilt auf drei Einzeldosierungen, sind ausreichend.

Kleiner Bonus
Durch ihren Volumen-Anstieg sind die Flohsamen auch Dauerbrenner bei Schlankheits-Kuren.

ANNELINA'S TIPP:
Achte beim Kauf auch darauf, dass du nicht versehentlich die ‚ganzen' Flohsamen in den Einkaufswagen schmeißt. Diese quellen nämlich deutlich geringer als nur die Schalen.

chia
Prachtstück
KitchenAid

Phänomen Soja: Mythen und Wahrheiten

JETZT WIRD AUFGEDECKT

Soja macht Brüste, Soja ist krebserregend und Soja ist schlecht für die Umwelt. Da kursieren so einige Aussagen in den Medien und Gesprächen mit unseren Mitmenschen. Sowohl in meinem Buch *Buddha Bowls – Eine Schüssel voll Glück* als auch auf meinem Blog bin ich bereits auf diese Aussagen eingegangen. Ich möchte dies hier nochmals tun: Soja enthält Phytoöstrogene. Phytoöstrogene sind nicht Östrogenhormone, sondern sekundäre Pflanzenstoffe. Oft werden sie verglichen, jedoch funktionieren sie gänzlich unterschiedlich. Die Wissenschaft zeigt, dass ein moderater Sojakonsum weder den Östrogenspiegel erhöht, noch den Testosteronspiegel senkt.

Prinzipiell lohnt es sich sehr, einen genaueren Blick auf Soja zu werfen. Wo und wie wird Soja angebaut (Themen: gentechnische Veränderung oder Regenwaldabholzung gegenüber lokalem Anbau)? Wie wird er verarbeitet und um welches Produkt, basierend auf der Hülsenfrucht Sojabohne, handelt es sich dann? Unterscheiden muss man auch noch nach der Verwendung der Sojabohne: Wandert sie in Nahrungsmittel für uns Menschen (Tofu, Edamame, Sojamilch)? Wird sie in Form von Sojaschrot an Tiere verfüttert? Oder landet sie als Treibstoff im Tank von Fahrzeugen?
Ich versuche das für euch einmal übersichtlich zusammenzufassen. Die hier verwendeten Zahlen und Fakten, sind die aktuellsten, die ich finden konnte. Ob bei der Regenwaldabholzung wohl alle Zahlen ans Licht kommen, bezweifle ich. Tatsächlich werden nur ca. 2 % der weltweit angebauten Sojabohnen auf direktem Weg durch uns konsumiert, und das wahrscheinlich hauptsächlich durch Menschen mit einer pflanzenbasierten Ernährungsweise. Ein Teil der Bohnen (ca. 18 %) wird zu Öl verarbeitet, das in allerlei Lebensmittel wandert, der Großteil aber geht als Futtermittel in die (Massen-) Tierhaltung. Über den Umweg durch die Mägen von Rind, Schwein und Huhn landet es dann sozusagen als Fleisch doch wieder auf dem Teller.
Allerdings gehen bei diesem Umweg mehr als 90 % der Nahrungsenergie aus der Sojabohne verloren, sodass für 1 kg Rindfleisch am Ende ca. 16 kg Soja und Getreide verfüttert werden muss. Nicht zu vergessen der Wasserbedarf, der für diese Menge Rindfleisch bei rund 20.000 Litern liegt. Zum Vergleich, Tofu benötigt etwa 1.000 Liter pro Kilogramm. Auch das ist bereits alles andere als wenig, aber bei vergleichbarer Nahrungsenergie, die im Tofu steckt, ein Bruchteil (um genau zu sein 5 %) des Fleisches. Der Durchschnittsdeutsche verbraucht pro Kopf umgerechnet auf den durchschnittlichen deutschen Fleischmix (Schwein, Geflügel, Rind, usw.) ca. 36 kg Soja pro Jahr. Das schafft womöglich nicht einmal der absolute Hardcore-Veganer mit großer Tofu-Liebe, müsste er dafür täglich einen 200 g-Pack Tofu essen.

PS: Der Anbau von genveränderten Pflanzen ist in Deutschland übrigens verboten. Der Import von gentechnisch veränderten Nutzpflanzen jedoch nicht. Da bei eiweißreichen Futtermitteln die heimische Erzeugung den Bedarf nicht annähernd decken kann, bekommen die meisten Nutztiere in Deutschland Gen-Soja. In pflanzlichen Lebensmitteln für uns Menschen findet man es hingegen so gut wie nie. Unter EU-Bio ist genetisch verändertes Soja nicht erlaubt und auch konventionelle Hersteller von beispielsweise Sojamilch möchten häufig das Risiko nicht eingehen und verwenden daher kein Gen-Soja.

Bas

– BASISREZEPTE –

Starte dein Glück

Heißer Tipp:
Das Nussmus kann auf Brot serviert, für Saucen, Kekse und Shakes verwendet oder als süße Leckerei verzehrt werden.

Cremiges Nussmus

Portionen: 2 ½ Tassen (400 g)

GLÜCKSMIX IM HOCHLEISTUNGSMIXER

400 g Nüsse
ggf. 1 Prise Salz

DER WEG ZUM GLÜCK:

Den Backofen auf 150 Grad Ober-/Unterhitze für 5 Minuten vorheizen. Nüsse auf einem Backblech ausbreiten und 5–7 Minuten rösten. Darauf achten, dass sie nicht anbrennen – die Cremigkeit des Nussmus hängt von der Röstzeit ab. Zu langes Rösten lässt zu viel Öl verdampfen.
Nüsse abkühlen lassen und in den Mixbehälter geben. Auf niedriger Stufe für 1 Minute zu einem Nussmehl pürieren. Mit einem Stopfer die Nussmasse von den Behälterwänden nach unten drücken und nach Belieben eine Prise Salz hinzugeben.
Nussmasse für weitere 5 Minuten beziehungsweise bis das Mus emulgiert auf höchster Stufe pürieren. Hierzu den Stampfer zur Hilfe nehmen, um die Nüsse immer wieder nach unten zu drücken.

GLÜCKSMIX IM STANDARDMIXER

240 g Nüsse
3–5 EL Sonnenblumenöl

DER WEG ZUM GLÜCK:

Die gerösteten Nüsse (vgl. oben) in den Mixbehälter geben und auf niedriger Stufe zu einem Mehl pürieren. Auf die höchste Stufe erhöhen und das Öl langsam hinzufügen, bis das Mus emulgiert.

HALTBARKEIT:

Nussbutter ohne Zusatzstoffe hält sich in der Regel mindestens 1 Monat im Kühlschrank. Durch zusätzliche Geschmacksnoten wie Gewürze, Datteln, Kokos, Zimt und Co verkürzt sich die Haltbarkeit.

WERDE KREATIV:

Schokoladencreme, Karamellcreme und Co
Wenn du gerne Nuss-Nougat-Creme magst, kannst du hier als Basis Haselnüsse wählen, eine Tafel Schokolade schmelzen und unter die Nüsse mixen. Schon ist die Zwei-Zutaten-Schokoladencreme fertig. Das geht natürlich auch mit weißer Schokolade, Karamell-Schokolade oder auch Schokopulver und Zuckersirup (beispielsweise Ahornsirup).

Pflanzliche Milch

Für 550 ml Nussmilch

GLÜCKSMIX FÜR JEDE ART VON MIXER

500 ml Wasser
70 g Nüsse* (oder Hafer, gekochter Reis, Hirse, Quinoa oder Hanfsamen)
2–3 Datteln (z. B. Sukari)
1 Prise Salz
1 TL Vanilleextrakt
1 Msp. Guarkernmehl für eine cremige Konsistenz

DER WEG ZUM GLÜCK:

Die gewählten Zutaten mit dem Wasser in den Mixbehälter geben. Auf niedriger Geschwindigkeitsstufe zu mixen beginnen und langsam höher stellen. Ca. 1 Minute pürieren bis eine glatte Flüssigkeit entsteht. 1 Minute ruhen lassen und erneut für 10 Sekunden pürieren.
Nach Belieben durch einen Nussmilchbeutel filtern oder direkt in eine Glasflasche füllen. Die Milch lässt sich im Kühlschrank bis zu 5 Tagen aufbewahren.

***Gesundheitsboni: Wenn du die Nüsse über Nacht einweichst, das Nusswasser vor dem Verarbeiten abgießt und die Nüsse wäschst, kannst du noch mehr aus deiner Nussmilch herausholen. Denn durch das Einweichen der Nüsse entweichen Antinährstoffe wie die Phytinsäure und Lektine. Werden diese nun abgewaschen und entfernt, kann unser Darm die Nüsse besser zerspalten und aufnehmen. Das freut nicht nur unseren Darm, sondern auch unsere Mitmenschen, denn frei übersetzt bedeutet das, wir müssen weniger pupsen.**

VERARBEITE DIE RESTE ZU MEHL:

Die übrig gebliebene Trestermasse kannst du für Mehl weiterverwenden. Dazu die Masse auf einem Backblech im Ofen bei 80 Grad trocknen oder alternativ in die Sonne stellen. Die Trockenmasse anschließend im Mixer fein pürieren. Es lohnt sich jedoch erst ab einer größeren Menge. Bei 100 Gramm Mandeln bekommst du beispielsweise 25 Gramm Mandelmehl. Das Mehl kannst du bis zu 4 Wochen im Kühlschrank aufbewahren.

WERDE KREATIV:

Pflanzliche Milchalternativen gibt es mittlerweile fast überall zu kaufen. Neben finanziellen, nachhaltigen und gesundheitlichen Vorteilen sprechen aber noch einige weitere dafür, sie ab und an auch selbst zu machen. Zum Beispiel kannst du kreativ werden und dich mit verschiedenen Geschmacksrichtungen austoben. Probiere doch mal Zimt, Kurkuma oder Tonkabohne! Die Datteln kannst du beispielsweise durch Sirup (Ahornsirup oder Reissirup) ersetzen. Und bei der Basis liebe ich auch Erdmandeln oder Pistazien. Pistazienmus – hmm, das sieht dann auch so schön grün aus.

Tipp:

Wenn du dich fürs Filtern entscheidest, kannst du auch als günstigere Alternative zu einem Nussbeutel einen ausrangierten Feinstrumpf verwenden. Auch ein Wäschenetz funktioniert sehr gut. Dieses bekommst du beispielsweise in Drogeriemärkten.

Veganer Nussparmesan

Portion: 1 Tasse (120 g)

GLÜCKSMIX FÜR JEDE ART VON MIXER

100 g Cashews
15–20 g Hefeflocken
1 TL Knoblauchpulver
1 TL Senfkörner
Salz und Pfeffer

DER WEG ZUM GLÜCK:

Den Glücksmix bei niedriger Geschwindigkeitsstufe im Blender zermahlen, bis die Konsistenz an geriebenen Parmesankäse erinnert. Mit Salz und Pfeffer abschmecken.

WERDE KREATIV:

Cashews sind super, Mandeln, Paranüsse und Co auch. Für mich schmeckt diese Art von Nussparmesan mit allen Nüssen. Ein Hauch von Kurkuma, Kreuzkümmel oder Zitronensaft verleihen dem Nusscrumble noch ein extra Aroma. Austoben ist hier definitiv angesagt.
Den Nussparmesan kannst du im Kühlschrank bis zu 15 Tagen aufbewahren und kreativ wie Parmesan überall drüberrieseln lassen. Auch auf Lasagne passt er gut.

Karamell Tahin Granola
GESPROSSEN UND ÖLFREI

Portion: 500 g

GLÜCKSMIX FÜR JEDE ART VON MIXER

100 g Datteln
100 g flüssiges Tahin
50 g Dattelzucker
½ TL Salz
1 TL Zimt
200 g Haferflocken
50 g Buchweizen, gesprossen oder roh
30 g Quinoa, gepufft
100 g Nüsse (oder gesprossene Kichererbsen)

DER WEG ZUM GLÜCK:

Die Datteln mit 150 ml Wasser bedecken und über Nacht einweichen.
Zusammen mit flüssigem Tahin, Dattelzucker, Salz und Zimt zu einer Dattel-Tahin-Creme pürieren. In einer Schüssel die trockenen Zutaten vermengen. Die Creme darüber gießen und so lange verrühren, bis alle Zutaten bedeckt sind.
Das Granola gleichmäßig auf Backpapier verteilen und bei 150 Grad Ober-/Unterhitze für 30–35 Minuten backen. Nach 15 Minuten mit einem Holzspachtel umrühren, sodass alle Seiten gleichmäßig braun werden. Aufpassen, dass das Granola nicht verbrennt. Aus dem Ofen nehmen und hart werden lassen. Das ausgekühlte Granola in einem luftdichten Glas aufbewahren.
Entscheidest du dich für die Kichererbsen-Variante, ist das Granola bis zu einer Woche haltbar, wählst du die Nüsse, auch länger.

VARIATION
Schoko-Haselnuss:

100 g Datteln
100 g Haselnussmus
70 g Dattelzucker
2 TL Kakaopulver
1 Prise Salz
200 g Haferflocken
50 g Buchweizen
30 g Quinoa, gepufft
100 g Haselnüsse

DER WEG ZUM GLÜCK:

Gehe vor wie beim Karamell-Tahin-Granola.

Mehle SELBER MACHEN

Whatever you want, you can mix it, baby.

Machst du dein Mehl selbst, hast du nicht nur eine günstigere Alternative, sondern bekommst auch mehr Nährstoffe. Verarbeitetes Mehl, das über Wochen in den Regalen steht, verliert an Vitaminen. In Sekundenschnelle kannst du aber dein eigenes machen und auch noch mischen, worauf immer du Lust hast.

ZUTATEN

Alle Arten von Getreide, Nüssen oder Bohnen, die gemahlen werden können (Dinkel, Hafer, Roggen, Gerste, Quinoa, Mais, Reis, Buchweizen, Erbsen, Kichererbsen, Soja, etc.)

Ist dir der Mahlgrad und die Optik wichtig, kannst du dir überlegen, ob du die Nüsse blanchieren möchtest oder nicht. Hast du dich für das Blanchieren entschieden, weichst du die Mandeln am besten über Nacht ein. Anschließend kochst du sie für 2 Minuten auf. Dann lassen sie sich mühelos schälen. Danach müssen sie noch getrocknet werden und du kannst sie zu Mehl verarbeiten.

DER WEG ZUM GLÜCK:

Deine gewählte Zutat in den Mixbehälter geben und auf der höchsten Einstellung für 30 Sekunden mixen. Mixer ausschalten und mit einem Gummispachtel umrühren. Anschließend mit verschlossenem Deckel noch einmal mixen.

LAGERN:

Das Mehl sollte schnell verwenden werden. Am besten machst du nur so viel, wie du benötigst. Im Kühlschrank hält es sich (je nach Zutat) bis zu 4 Wochen.

ENTÖLTES NUSSMEHL:

Für entöltes oder teilentöltes Mehl brauchst du eine Ölpresse. Günstige gibt es bereits ab 100 Euro.

EXPERIMENTIERE:

Dein selbstgemachtes Mehl schmeckt und reagiert anders als gekauftes. Wenn du also planst, einen Überraschungs-Geburtstagskuchen zu backen, überraschst du dich vielleicht selbst. Denn frisches Mehl liefert Hefe mehr Nahrung und führt so zu einer stärkeren Fermentierung. Willst du den Überraschungseffekt etwas minimieren, lohnt es sich, davor etwas zu experimentieren.

Glutenfrei backen MIT HAPPY END:

Beim glutenfreien Backen gibt es ein paar Dinge, die dein Backerlebnis zu einem noch größeren mit Happy End machen. Entscheidend ist hier die Kombination von mindestens drei glutenfreien Mehlsorten.

1. Als erstes brauchst du eine Vollwertkost als Basis, wie braunes Reismehl, Buchweizen- oder Sorghummehl.
2. Stärke sorgt für einen luftig-leichten Teig. Hier kannst du Kartoffelstärke, Tapioka oder Maisstärke verwenden.
3. Für den besonderen Touch kannst du nun deine persönliche Note hinzufügen: Amaranth für einen kräftigen Geschmack, der an Haselnuss erinnert; Mandelmehl, das für Proteine und ein herrliches Aroma sorgt; Kokosmehl für intensiven Kokosgeschmack, auch wenn es viel Flüssigkeit aufsaugt; Hirsemehl, das für Biss sorgt; Quinoamehl, das geschmackvoll ist und sich perfekt für Torten eignet, oder Teffmehl, das eine besonders feine Textur und eine auflösende Wirkung hat, wodurch sich der Teig besser bindet. (Mehr findest du auch im Kapitel *When Glutenfree Matters*.)

Für die glutenfreie Variante eines normalen Rezepts sollten immer ein paar Milliliter mehr Flüssigkeit hinzugefügt werden.

GRUNDMISCHUNG FÜR ALLE KUCHEN, DONUTS UND DESSERTS MIT HEFETEIG:

320 g braunes Reismehl
100 g Kartoffelstärke
50 g Tapiokamehl

Blumenkohlreis und Co

Unser heimischer Blumenkohl ist der neue Stern am Himmel der Kohlsorten. Im Gegenzug zu seinen Verwandten ist er sehr mild und eignet sich deswegen in Süßspeisen oder beispielsweise als tolle getreidefreie und Lowcarb-Alternative.
Ich liebe den weißen Star, um mehr Gemüse in den Speiseplan zu schmuggeln, zumal er, bezogen auf seine inneren Werte, locker mit denen des beliebten Grünkohls mithalten kann.

GLÜCKSZUTAT

1 großer Blumenkohlkopf

DER WEG ZUM GLÜCK:

Den Blumenkohl waschen und sorgfältig abtrocknen. Den Kopf in zwei Hälften schneiden und alle Röschen entfernen. Die Röschen in den Behälter des Blenders geben, den Deckel verriegeln und bei mittlerer Geschwindigkeit oder Impuls-Einstellung mixen.

AUFBEWAHRUNG:

Reste können im Kühlschrank bis zu 5 Tagen aufbewahrt werden. Nicht gekochter Blumenkohl kann im Tiefkühlschrank bis zu 1 Monat aufbewahrt werden.

BEISPIEL FÜR DIE VERARBEITUNG VON BLUMENKOHLREIS:

1 Esslöffel Olivenöl in eine große Pfanne geben, ½ Zwiebel würfeln und einige Minuten anbraten, bis die Zwiebeln glasig sind. Den Blumenkohlreis in die Pfanne geben und 5–7 Minuten anbraten. Anschließend nach Geschmack Salz und Pfeffer, Tamari/Sojasauce oder gehackte Petersilie und Knoblauch, frischen Koriander, den Saft von 1 bis 2 Limetten, Tomaten, Jalapeños und beliebige andere Gewürze hinzugeben, um einen Reis mit orientalischer, mediterraner oder mexikanischer Note zu erhalten!

WERDE KREATIV:

Du hast genug von Blumenkohl? Ich verarbeite auch Kohlsorten wie Brokkoli oder Kohlrabi zu „Reis", aber auch Süßkartoffeln, Jicama oder Sellerie funktionieren. Prinzipiell verwende ich den Gemüsereis wie normalen Reis. Er macht sich super als Füllung in Zucchini oder Paprika oder als Pfannengericht. Am liebsten verwende ich ihn jedoch immer noch roh in Sushi oder Sushi Burritos.

Kaffee mahlen

Beim selbstgemahlenen Kaffee verhält es sich ähnlich wie bei selbst gemachtem Mehl. Die ganze Kaffeebohne ist fest verschlossen und enthält so noch alle Öle und Wachse, die nicht, wie bei bereits gemahlenem Kaffee, oxidiert sind. Die Röstaromen sorgen deswegen für eine wahre Geschmacksexplosion - sofern man Kaffee mag, versteht sich.

Ein Mixer ersetzt das Platzproblem einer Kaffeemühle und leistet Mahlarbeit mit Bravour. Benutzt du einen starken Mixer, hast du die Bohnen innerhalb weniger Sekunden pulverisiert. Genial ist auch, dass du den Mahlgrad individuell bestimmen kannst. Für Cold Brew eignet sich ein gröberer Mahlgrad, für Filterkaffee ein feinerer.
Lagere den gemahlenen Kaffee zum Beispiel in einem alten Einmachglas oder einer Kaffeebox im Kühlschrank.

Cold Brew

BASISREZEPT COLD BREW:

Mit frisch gemahlenem Kaffee kannst du den weltbesten Cold Brew zubereiten. Die Kaffeemenge sowie Ziehzeit kannst du beliebig an deine Vorlieben anpassen.

GLÜCKSMIX

100 g Kaffeebohnen
1 l Wasser
12 Stunden Zeit

DER WEG ZUM GLÜCK:

Kaffeebohnen grob mahlen und in ein Glas geben. Mit kaltem Wasser vermischen, abdecken und für 12 Stunden ziehen lassen. Kaffeesatz ausfiltern und den Kaffee mit kaltem Wasser auffüllen, bis wieder 1 Liter erreicht ist. Mit Eiswürfeln und eventuell Pflanzenmilch servieren.

UND SO MACHE ICH ES:

Noch schneller geht das Ganze in der French Press.
Dazu 50 g Kaffee in die French Press geben, mit 500 ml Wasser auffüllen, die Frenchpress über Nacht in den Kühlschrank stellen und am nächsten Morgen runterdrücken.
Du kannst so immer wieder ein Gläschen trinken und die French Press zurück in den Kühlschrank stellen. Oder du drückst die Presse einmal ganz runter, füllst den Kaffee in ein verschließbares Glas und stellst dies zurück in den Kühlschrank.

ning
– FRÜHSTÜCKSREZEPTE –
Erweck dein Glück

DU WILLST ES LIEBER GLUTENFREI?

Dein Wunsch ist mir Befehl.
Ersetze das Dinkelmehl durch Buchweizen- oder Hafermehl. Hafermilch kann durch eine beliebige Milch ersetzt werden. Chiasamen können durch Leinsamen oder Maisstärke ersetzt werden.

Und wenn du dann noch Lust auf etwas anderes hast, kein Thema, den Teig kannst du auch einfach für falsche Waffeln nutzen.

Falsche Süßkartoffel Pfannkuchen

Portionen: 4

Mehr als nur Zucker und Zimt: Pfannkuchen oder Pancakes mit Süßkartoffeln. So einfach geht's und so lecker schmeckt's. Aber halt, was ist eigentlich der Unterschied zwischen Pfannkuchen und Pancakes?

Pfannkuchen, Pancakes oder Crêpes? Was denn nun?
Auf diese Frage gibt es wahrscheinlich so viele Antworten wie Sandkörner am Strand. Naja, zumindest ein kleiner Strand, so wie ein Sandkasten.
Der Übergang ist auf jeden Fall sehr fließend, denn eins haben sie alle gemeinsam. Die Grundzutaten sind Mehl, Eier und Milch. Während Pancakes viel Backpulver enthalten, fluffig, klein und dick sind, konkurrieren französische Crêpes um ihre schlanke Linie. Size Zero ist hier angesagt und damit auch kein Backpulver erlaubt. Die Deutschen wählen den Mittelweg, mit etwas Backpulver, ein paar Eiern und einer mittleren Größe.
Okay, wenn man nach diesen Zutaten geht, bin ich wohl in allen Punkten durchgefallen, denn ich zeige dir falsche Pancakes ohne Eier, ohne Mehl und ohne klassische Milch. Was dafür drin ist, ist ganz viel Liebe und Gemüse :).

GLÜCKSMIX FÜR JEDE ART VON MIXER

250 g Süßkartoffeln, gekocht
1 Banane
150 ml Hafermilch
120 ml Wasser mit Kohlensäure
100 g Dinkelmehl
1 EL Chiasamen (o. Leinsamen)
1 Prise Salz
1 EL nicht raffinierter Zucker oder Kokosblütenzucker
ggf. etwas Öl zum Braten

DER WEG ZUM GLÜCK:

Die Süßkartoffeln schälen, in große Würfel schneiden und weichkochen. Trocknen lassen und zur Seite stellen. Die Banane schälen und mit der Hafermilch mixen. Die restlichen Zutaten hinzugeben, den Deckel verriegeln und alles zu einer glatten Masse mixen. Den Teig 20 Minuten ruhen lassen, damit sich die Klumpen auflösen und die Chiasamen ihre Wirkung entfalten.
Gegebenenfalls etwas Öl in einer nicht haftenden Pfanne bei mittlerer Temperatur erhitzen. 2 Esslöffel Teig pro Pfannkuchen in die Pfanne geben und auf jeder Seite 2 bis 3 Minuten backen. Mit dem restlichen Teig genauso vorgehen.
Zum Beispiel mit Beeren, Joghurt, Vanille-Eiscreme und Ahornsirup servieren.

Bananen Blaubeer Brot

Wenn es um Bananenbrot geht, gibt es unter uns Genießern Typ A und Typ B. Typ A mag es super saftig und noch etwas feucht (ich), Typ B mag es fluffig und leicht. Ob du Typ A oder B bist, kristallisiert sich eigentlich schon dabei heraus, ob du gerne rohen Teig nascht oder nicht. (Falls ja, wirst du mein Apfelstrudel-Keksteig-Rezept bestimmt sehr lieben.) Damit wir hoffentlich alle zufrieden sind, habe ich hier einen Bananenbrot-Mix aus Typ A und Typ B kreiert :). Für mehr Fluff kannst du etwas mehr Öl verwenden, für weniger, das Öl einfach weglassen. Dein Typ entscheidet.

GLÜCKSMIX IM HOCHLEISTUNGSMIXER

4 sehr reife Bananen (ca. 350 g)
160 g Datteln
80–100 ml Sprudel
2 TL Apfelessig
140 g Haferflocken
160 g Dinkelmehl oder glutenfreies Mehl
1 Prise Salz
2 TL Backpulver

Optional:
80 g TK-Blaubeeren oder 3 EL Schokodrops

Außerdem:
längliche Silikonbackform oder längliche Kastenform
Banane zum Verzieren

DER WEG ZUM GLÜCK:

Backofen auf 180 Grad Ober-/Unterhitze vorheizen. Bananen und Datteln zusammen mit Sprudel und Apfelessig in den Mixer geben und pürieren. Sobald die Masse gemixt ist, die Haferflocken, das Mehl, Salz und Backpulver dazugeben. Nochmals mixen, bis ein Teig entsteht.
Den Teig in die Backform geben und je nach Wunsch Blaubeeren oder Schokodrops unterrühren. Gegebenenfalls noch eine Banane der Länge nach aufschneiden und auf das Bananenbrot legen.
Das Brot im Backofen ca. 45 Minuten beziehungsweise goldbraun backen.
Wenn das Brot fertig ist, herausnehmen und abkühlen lassen.

GLÜCKSMIX IM STANDARDMIXER

3 sehr reife Bananen (ca. 300 g)
140 g Haferflocken
100 ml Sprudel
30 g Kokosöl
2 TL Apfelessig
160 g Dinkelmehl oder glutenfreies Mehl
50 g Kokoszucker
2 TL Backpulver

Optional:
80 g Blaubeeren (oder andere), frisch

Außerdem:
längliche Silikonbackform oder längliche Kastenform
Banane zum Verzieren

DER WEG ZUM GLÜCK:

Backofen auf 180 Grad Ober-/Unterhitze vorheizen. Bananen, Haferflocken, Sprudel und Apfelessig in den Mixer geben und pürieren. Sobald die Masse gemixt ist, in eine Schüssel umfüllen und mit den restlichen Zutaten zu einem Teig verrühren.
Den Teig in die Backform gießen und wenn gewünscht, Blaubeeren untermischen. Eine Banane der Länge nach aufschneiden und auf das Bananenbrot legen.
Das Brot im Backofen ca. 50 Minuten beziehungsweise goldbraun backen.
Wenn das Brot fertig ist, herausnehmen und abkühlen lassen.

WERDE KREATIV:

Wenn du dein Brot etwas aufpeppen möchtest, kann du hier mit Gewürzen wie Nelke, Kardamom oder auch Zimt und Vanille kreativ werden. Auch knackige Walnüsse schmecken in dem Brot sehr gut.
Heißer Tipp: Das Brot ist auch köstlich als Toast mit Mandelmus.

Buchweizen Zimt Pudding

Portion: 1

GLÜCKSMIX FÜR JEDE ART VON MIXER

100 g Buchweizen, min 2 Std eingeweicht, besser gesprossen
130 ml Hafermilch
1 TL Leinsamen
1 TL Zimt
1 EL Mandelmus
1 Prise Salz
1 Banane oder 5 Datteln
Toppings nach Wahl

DER WEG ZUM GLÜCK:

Den Buchweizen über Nacht oder mindestens 2 Stunden einweichen. Nach der Einweichzeit mit klarem Wasser ausspülen. Besser noch ist gesprossener Buchweizen.
Buchweizen, Hafermilch und alle übrigen Zutaten in einen Mixer geben und zu einer gleichmäßigen Masse mixen.
Pudding in ein Glas geben und zum Beispiel mit Heidelbeeren und Kakao Nibs servieren.

BUCHWEIZEN SPRIESSEN LASSEN:

Schritt 1: Spüle die Buchweizenkörner kurz unter warmem Wasser ab und weiche sie anschließend 20 bis 60 Minuten in kaltem Wasser ein. Das Glas sollte nur bis zu ⅓ mit Körnern gefüllt sein.
Schritt 2: Nach dem Einweichen darfst du die Körner noch mal mit klarem kalten Wasser abspülen und abtropfen lassen. Wenn du ein Keimglas hast, kannst du das Wasser durch den Siebdeckel ausschütten. Hast du keins, empfehle ich ein Küchensieb, zum Abgießen und Abspülen. Zum Einweichen kannst du ein normales Glas verwenden.
Schritt 3: Nun darfst du die Körner ihrem Keimvorgang überlassen. Dieser dauert etwa 2–4 Tage. Buchweizen braucht etwas Pflege, weswegen du ihn morgens und abends mit klarem kalten Wasser duschen solltest.

KEIM-WISSEN:

Falls du dich fragst, ob du alle gekeimten Sachen roh essen kann: JA, kannst du. Bei Hülsenfrüchten wie Kichererbsen und Mungobohnen sollten diese aber erst ab Tag 4 ihres Keimvorgangs roh gegessen werden. Ich dünste Kichererbsen meistens kurz an, da sie mir so besser schmecken.

PIMP IT UP:

Buchweizen schmeckt dir nicht? Kein Thema, probiere hier einfach gekeimte Quinoa oder gekochten Amaranth. Auch damit hast du ein Glas voll guter Nährwerte und besonders vieler Proteine.

Haselnuss Basilikum Pudding

Portion: 1

Wow, jetzt wird es fancy. Basilikumsamen? Aber aufgepasst, es geht noch krasser. Ich hätte in den Pudding auch die Bananenschale mixen können. Deren Verwertung ist nämlich in der „Zero Waste Szene" ein absoluter Trend. Also würde ich mal sagen, Basilikumsamen sind noch recht harmlos.
Sie sind das regionale Pendant zu Chia-Samen. Verwenden kannst du sie ziemlich ähnlich. In Fernost werden die Samen schon lange für medizinische Zwecke verwendet. Wir finden sie dort vor allem in Shakes und Desserts. Besondere Merkmale der Samen sind beispielsweise ihre entzündungshemmende Eigenschaft oder die hohen Eisen- und Magnesiumwerte. Du bekommst sie teuer im Supermarkt, oder auch bei deinem Blumenladen um die Ecke.

BASILIKUM-EINSATZ:

In Saucen als Bindemittel
In Shakes und Desserts
Über dem Salat
In Getränken

Die Samen saugen das Wasser schneller auf als Chia-Samen, weswegen dein Pudding in Nullkommanix fertig ist. Jedoch lohnt es sich, auch die Basilikumsamen mindestens 30 Minuten oder besser noch ein paar Stunden im Wasser liegenzulassen. Der dann einsetzende Keimprozess baut mögliche verdauungshemmende Stoffe ab, sodass wir die Samen anschließend wunderbar vertragen. Auch dicken die Samen nochmals etwas nach.

GLÜCKSMIX FÜR JEDE ART VON MIXER

1 Banane
4 TL (15 g) Basilikumsamen
150 ml Haselnussmilch
2 EL kalter Kaffee
1 TL Kakaopulver
½ TL Zimt

Optional:
1 TL Dattelzucker

DER WEG ZUM GLÜCK:

Die Bananen grob schneiden und mit den anderen Zutaten in den Mixer geben. Sobald alles vermixt ist, in ein Glas leeren und für 30 Minuten stehen lassen.
Den Pudding nochmals umrühren und mit Lieblings-Toppings wie Haselnüssen, Schoko-Granola und Beeren servieren.

FLOWERPOWER MIT CAULIFLOWER:

Nicht jedermanns Sache, aber definitiv meine, ist Blumenkohl in Eiscreme. Dazu einfach 60 g Blumenkohl mit in den Mixer geben. Versprochen, du wirst es nicht schmecken!

Stracciatella Nicecream

Wer liebt Eiscreme nicht? Und wenn sie dazu noch gesund ist, dann können wir auch direkt mit ihr in den Tag starten. An warmen Sommertagen ist Nicecream eines meiner Lieblinge.

GLÜCKSMIX IM HOCHLEISTUNGSMIXER

Portion: 1

3 Bananen*, gefroren
20 g dunkle Schokolade
Kokosmilch (optional)

DER WEG ZUM GLÜCK:

Die Bananen kurz antauen lassen, bis sie sich in grobe Stücke schneiden lassen. Dann in den Mixbehälter geben und mixen, bis eine geschmeidige Masse entsteht. Besitzt dein Mixer eine Eiscrush-Einstellung, gerne diese nutzen. Den Mixer-Stampfer zu Hilfe nehmen, um die Banane nach unten zu drücken. Gegebenenfalls etwas Kokosmilch dazugeben. Die dunkle Schokolade hinzugeben und noch einmal kurz aufpulsen, sodass kleine Schokosplitter entstehen. In eine Schüssel geben und sofort servieren, oder in einen luftdichten Behälter füllen und in den Tiefkühlschrank stellen, damit sie fest wird (ca. 2 Stunden). Die Eiscreme hält sich im Tiefkühlschrank 1 Woche.

WERDE KREATIV:

Schoki wird langweilig? Okay, dann kannst du ja mal Mohnsamen, geröstete und gesalzene Mandeln, Popcorn, Kokosflocken, Datteln oder auch Beeren dazugeben.
In meinem Buch *Buddha Bowls* findest du auch eine Snicker-Nicecream.

GLÜCKSMIX IM STANDARDMIXER

Portion: 2

3 Bananen*, gefroren
100–150 ml Kokosmilch oder Hafermilch
20 g dunkle Schokolade

DER WEG ZUM GLÜCK:

Die Bananen kurz antauen lassen, bis sie sich in grobe Stücke schneiden lassen. Zusammen mit der Pflanzenmilch im Mixer cremig pürieren. Die dunkle Schokolade hinzugeben und noch einmal kurz mit voller Power mixen, sodass kleine Schokosplitter entstehen. Sollte die Kraft deines Mixers nicht ausreichen, die Schokolade zu zerkleinern, hacke sie gesondert und rühre sie am Ende unter die fertige Bananeneismasse.
In 1–2 Schüsseln geben und kalt servieren.

*Die Bananen sollten gepunktet sein, bevor du sie einfrierst. Sobald sie gepunktet sind, kannst du sie schälen und als Ganzes in einer Tiefkühlbox, einer Vesperbox oder einem Einmachglas einfrieren. Wenn du dich für einen Gefrierbeutel entscheidest, kannst du diesen auch mehrmals nutzen, um unnötigen Plastikabfall zu vermeiden. Bevor du die Bananen mixt, lass sie leicht antauen, falls die Kraft deines Mixers nicht ausreicht.

Salted Caramel Bowl

Portion: 1

Auch wenn ich es mir nicht ganz vorstellen kann, weiß ich doch, dass es eine Handvoll Menschen gibt, die keine Bananen mögen. Und genau an diese Handvoll habe ich hier gedacht. Dafür gibt es jetzt Kohl :). Der sorgt für die festere und gefrorene Konsistenz.

GLÜCKSMIX FÜR JEDE ART VON MIXER

200 g gefr. Süßkartoffel, gedämpft
oder gekocht vor dem Einfrieren
80 g gefr. Blumenkohl, gedämpft
oder gekocht vor dem Einfrieren
150 ml Pflanzendrink, z. B. Mandeldrink
4–5 Datteln, Medjool
2 TL Leinsamen
½ TL Zimt
1 TL Macapulver
1 TL Erdnussmus oder anderes Nussmus
1 Prise Salz

Schokodrizzle:
1 TL Nussmus, je flüssiger desto besser
2 TL Kakaopulver
1 TL Ahornsirup

Toppings:
Blaubeeren, Granola, Kokosflocken, Kakao Nibs, Schokodrizzle

DER WEG ZUM GLÜCK:

Süßkartoffel und Blumenkohl aus dem Gefrierschrank nehmen und kurz antauen lassen. Die Süßkartoffel in grobe Stücke schneiden.
Alle Zutaten der oben beschriebenen Reihenfolge nach in den Mixbehälter geben. Zunächst pulsen und dann die Geschwindigkeit auf Maximum drehen. So lange mixen, bis eine komplett karamellartige Masse entstanden ist.
Mit den Toppings servieren und kalt genießen.

Beerige Açaí Bowl

Portion: 1

GLÜCKSMIX FÜR JEDE ART VON MIXER

1 Packung Açaí Püree
1 Banane, gefroren
150 ml Reismilch oder Kokos-Reisdrink
1 TL Nussmus, z. B. Mandel
150 g gewürfelte Mango, gefroren
60 g Blumenkohl, frisch oder gefroren

Toppings:
Blaubeeren, Banane, Minze, Kakao Nibs, Kokosflocken, Schokodrizzle (S.69)

DER WEG ZUM GLÜCK:

Açaí Püree und Banane kurz antauen lassen. Die Banane in grobe Stücke schneiden und mit der Reismilch, dem Nussmus und den restlichen Zutaten in den Mixbehälter geben. Mit niedriger Geschwindigkeit starten und bis zum Maximum hochdrehen. Sobald eine cremige Masse entsteht, diese in eine Schale füllen.
Mit den Toppings verziert servieren.

WERDE KREATIV:

Auch wenn ich Açaí liebe, ist es bei mir eine Besonderheit. Die Açaí-Frucht hat, je nachdem wo du wohnst, höchstwahrscheinlich eine weite Reise hinter sich. Wenn du keine zur Hand hast oder dich aus ökologischen Gründen gegen Açaí entscheidest, kannst du die Açaí-Beeren durch 150 g gefrorene Heidelbeeren ersetzen. Auch Mango's und Bananen sind Früchte, die in weniger weit entfernten Ländern wie Spanien erhältlich sind.

Grüne Super Bowl
FÜR FORTGESCHRITTENE

Portion: 1

Ich hab's ja gesagt, an Gemüse wird hier nicht gespart. Die Super Bowl ist nicht dafür gedacht, sie einmalig vor dem US-amerikanischen Footballspiel zu essen. Wobei ich sie den Spielern definitiv empfehlen würde. Sie ist eher für deinen täglichen Verzehr gedacht. Du kannst dich hier langsam rantasten und dann zum Super Bowl-Profi werden. Mal sehen, wie lange es dauert, bis du die Superkräfte spüren wirst.

GLÜCKSMIX FÜR JEDE ART VON MIXER

1 Banane, gefroren
¼ (100 g) Gurke
100 g Spinat
100 g Pflanzenjoghurt, z. B. Soja oder Kokos
3 Knospen Rosenkohl, gefroren
2 Datteln, entkernt
1 EL Erdmandelmehl
6 Zweige Petersilie
Schale 1 Biozitrone, abgerieben

Wenn nötig:
50 ml Pflanzendrink, z. B. Haselnussmilch

Toppings:
Beeren oder Obst der Saison, Banane, Granola, Kakao Nibs, Kokosflocken, Schokodrizzle (S.69)

DER WEG ZUM GLÜCK:

Banane und Gurke klein schneiden, Spinat waschen und mit den anderen Zutaten in den Mixer geben. Mit den flüssigen Zutaten beginnen. Die Zutaten mit höchster Geschwindigkeit mixen, bis eine cremige Masse entsteht. Gegebenenfalls etwas (mehr) Milch hinzugeben, falls die Mixkraft nicht ausreicht.
Den Smoothie in eine Bowl gießen und mit Obst verziert genießen.

WIRKLICH KOHL?

Was soll das, jetzt kommt der Kohl schon in mein Frühstück? So fragt sich vielleicht der ein oder andere. Aber keine Sorge, das schmeckst du nicht. Die Rezeptur ist so zusammengestellt, dass die Kohl-Note von den anderen Zutaten übertönt wird. Den extremen Kohl-Vorteil, besonders in Form von Vitamin C, hast du dennoch. Je mehr du zum Bowl-Profi mit Superkräften wirst, desto mehr Petersilie und Grün kannst du in deine Bowl geben.

SÜßKARTOFFEL SCHOKO ERDNUSS
Bliss Balls

22 Stück

GLÜCKSMIX FÜR JEDE ART VON MIXER

300 g Süßkartoffel, roh mit Schale
60 g Dattelpaste oder Datteln
50 ml Kokosmilch (vollfett)
1 Prise Salz
90 g Erdnussmehl
1 EL Kakao Nibs
2 EL Kakaopulver

DER WEG ZUM GLÜCK:

Süßkartoffel für etwa 20 Minuten gar kochen. Anschließend schälen und in Scheiben schneiden.
Süßkartoffel, Datteln, Kokosmilch und eine Prise Salz im Standmixer cremig pürieren.
In eine Schüssel geben und die trockenen Zutaten dazu mischen. Mit einem Löffel zu einem Teig verquirlen.
Aus dem Teig Bällchen formen und diese nach Belieben in Kakao wälzen.
Die Bliss Balls sind verschlossen ca. 1 Woche im Kühlschrank haltbar oder können eingefroren werden.

Seitdem ich Erdnussmehl besitze, fühle ich mich, als ob ich das Backgeheimnis des Jahrhunderts entdeckt habe. Dabei gibt es das Mehl schon lange, nur hat es erst 2017 den Weg in meine Küche gefunden. Wenn du viel Sport machst oder sonst ein Erdnussjunkie bist, ist das Mehl perfekt für dich. Denn es ist super eiweißreich, low carb, nährstoffreich und teilentölt erhältlich. Die perfekte Mehlalternative für Sportler und alle anderen, die gerne Gluten vermeiden.
Die meisten Energiebällchen, die ich unterwegs bekomme, sind mir oft zu schwer. Kokosöl, Nüsse oder Nussmus plus Schokolade oder Kakaobutter in einem liegen manchem ganz schön schwer im Magen, aber ist für manch anderen ein Traum. Ich bin jedoch eher eine Person, die gerne zwei bis drei Bliss Bällchen isst und danach immer noch super ‚blissed'* ist (*selig; sorry für den Anglizismus, aber er passte hier so schön). Und seitdem es das Erdnussmehl bei mir gibt, gibt es auch viele Bliss Bällchen.

Zucchini Brötchen

8 kleinere Brötchen

GLÜCKSMIX FÜR JEDE ART VON MIXER

12 Oliven, grün
100 g Zucchini
2 TL Apfelessig
60 g Hafermilch
300 g Dinkelmehl
½ Pk. Backpulver
½ Pk. Trockenhefe
Salz

DER WEG ZUM GLÜCK IM HOCHLEISTUNGSMIXER:

Die Oliven entsteinen und mit der Zucchini, dem Apfelessig und der Hafermilch in den Mixer geben. Die Mischung pürieren bis alles zerkleinert ist. Dann die restlichen Zutaten hinzugeben und erneut mixen, bis ein zäher Teig entsteht. Den Teig in eine Schüssel geben. Mit einem Holzspachtel die Reste vom Boden auskratzen und zu einem runden Teig formen.
Die Schüssel mit einem Küchentuch abdecken und an einen geschützten Ort stellen. Für 45 Minuten gehen lassen, damit sich die Hefebakterien entfalten können. Sobald der Teig aufgegangen ist, den Backofen auf 180 Grad Ober-/Unterhitze (Umluft: 160 Grad) vorheizen und ein Backblech mit Backpapier auslegen. Den Teig noch einmal kräftig durchkneten. Falls der Teig sehr klebrig ist, nochmals Mehl dazugeben und 8 gleich große Kugeln formen. Die Brötchen auf das Backblech setzen, mit einem sauberen Küchentuch zudecken und nochmals 15 Minuten gehen lassen.
Vor dem Backen die Brötchen einschneiden und anschließend für 15 Minuten auf mittlerer Schiene backen. Aus dem Backofen nehmen und abkühlen lassen. Die Brötchen mit Kidneymus (S. 102), Fetodip (S. 107) oder Mandelmus genießen.

DER WEG ZUM GLÜCK IM STANDARDMIXER:

Die Oliven entsteinen und mit den Zucchini, dem Apfelessig und der Hafermilch in den Mixer geben. Die Mischung pürieren bis alles zerkleinert ist. Die Zucchini-Masse in eine Schüssel geben und mit den restlichen Zutaten zu einem Teig vermengen. Gegebenenfalls etwas mehr Mehl hinzugeben, falls der Teig zu klebrig sein sollte. Die Schüssel mit einem Küchentuch abdecken und an einen geschützten Ort stellen.
Das weitere Vorgehen entspricht dem des Hochleistungsmixers.

WERDE KREATIV:

Auch richtig lecker schmecken die Brötchen mit italienischen Kräutern oder Kurkuma. Anstelle der Oliven kannst du auch einen Esslöffel Olivenöl nehmen und die Zucchini vielleicht mal durch Karotten austauschen. Auch Mais oder Walnüsse schmecken in dieser Kombination sehr gut.

– DRINKS UND SMOOTHIES –

Trink dein Glück

Grüner Cleanse Smoothie

Portion: 1

Petersilie ist viel zu schade als Deko:
Grün, grüner, am grünsten. Dieser Smoothie kann was. Denn ohne, dass der Geschmack leidet, schmuggelt dir der Smoothie Petersilie und weitere tolle grüne Nährwerte unter :). Petersilie ist übrigens ganz besonders belebend, aphrodisierend und großartig, wenn es um unseren Verdauungsvorgang geht. Was uns Frauen auch gefällt, ist ihre ausgeprägte Wirkung auf die Fortpflanzungsorgane der Frauen. Sie fördert die Menstruation und lindert Menstruationsbeschwerden.
Wer sich traut, kann gerne auch die doppelte oder dreifache Menge in den Smoothie geben.

GLÜCKSMIX FÜR JEDE ART VON MIXER

200 ml Kokoswasser oder Wasser
Saft aus ½ Zitrone
1 kleiner Bund Petersilie
10 Basilikumblätter
2 Minzzweige
150 g gewürfelte Mango, gefroren

DER WEG ZUM GLÜCK:

Der Reihe nach Wasser, Zitronensaft, Kräuter und Mango in den Mixbehälter geben.
Den Smoothie so lange mixen, bis alles cremig ist.

PIMP IT UP:

Du magst es etwas cremiger und sättigender und brauchst noch etwas extra Energie? Perfekt, dann habe ich etwas für dich: 2 EL Kokosmilch und ½ TL Matcha.

Chunky Monkey Shake

Portionen: 2 Gläser

Okay jetzt gönnen wir uns was. Endlich Pause von Gemüse, denkst du dir vielleicht.
Falls du das Gemüse jedoch vermisst, bin ich die erste die dich motiviert, auch hier etwas gefrorenen Blumenkohl dazugeben.

Chunky Monkey ist das berühmte Eis von *Ben & Jerry's*. Es steht ganz oben auf ihrer Rangliste der beliebtesten Eissorten. Auch steht es ganz oben im Rang der „ich enthalte ganz viel Zucker"-Eissorten. Deswegen darfst du nun deine/meine ganz eigene, gesündere Interpretation von *Chunky Monkey* mixen. Für deinen Körper nur das Beste, richtig?

GLÜCKSMIX FÜR JEDE ART VON MIXER

2 Bananen, gefroren
350 ml Pflanzendrink, z. B. Hafer
4 Eiswürfel
1 EL Erdnussmehl, entölt
1 TL Erdnussbutter
1 TL Zimt
30 g Zartbitterschokolade

DER WEG ZUM GLÜCK:

Die Bananen schälen und in grobe Stücke schneiden. Pflanzendrink, Eiswürfel, Erdnussmehl, Erdnussbutter und Zimt in den Mixer geben. Zu einem Smoothie pürieren. Walnüsse und Zartbitterschokolade in grobe Stücke hacken und dazugeben. Nochmal kurz pulsen, dabei nicht überpulsen, sodass noch grobe Stücke bestehen bleiben.
Smoothie auf zwei Gläser verteilen und eiskalt genießen.

Bärenstarker Smoothie

Portionen: 2 Gläser

GLÜCKSMIX FÜR JEDE ART VON MIXER

2 TL Kokosmus
1 EL Hanfprotein oder anderes
2 Datteln
400 ml zimmerwarme Pflanzenmilch, z. B. Mandelkokosmilch
150 g Blaubeeren
150 g Himbeeren

DER WEG ZUM GLÜCK:

Kokosmus, Hanfprotein, Datteln und Pflanzenmilch in den Mixer geben. Mixen, bis sich das Kokosmus und die Datteln aufgelöst haben. (Achtung: Wenn die Milch nicht zimmerwarm ist, kann es sein, dass sich das Kokosmus nicht richtig auflöst und verhärtet.) Die Beeren dazugeben und zu einem cremigen Smoothie pürieren. Den Smoothie auf zwei Gläser verteilen und kalt genießen.

WERDE KREATIV:

Da schone ich dich direkt zweimal hintereinander. Schon wieder kein Gemüse. Keine Sorge, ich liebe den Smoothie auch mit viel Koriander und Grünkohl. Klingt komisch, aber schmeckt fein. Gemüse-Ehrenwort! Wenn dein Vorratsschrank kein Kokosmus hergeben sollte, schau mal, ob du Cashewmus oder ein anderes Nussmus darin findest. Oder such in deinem Kühlschrank nach Avocado oder Kokosjoghurt.

Sexy Limo in Schwarz

Portionen: 6-8 Gläser

Kennst du Aktivkohle? Nein? Das muss sich ändern! Aktivkohle ist nämlich wegen ihrer fantastischen Entgiftungs- und Reinigungseigenschaft der neueste Trend der Schönheitsindustrie. Die Kohle wirkt wie ein Schwamm, der Giftstoffe (aber auch andere Stoffe) aufgrund seiner molekularen Struktur einfach aufsaugt und diese so besser von unserem Körper ausgeschieden werden können. Da dem Körper dabei aber auch Wasser entzogen wird, ist es wichtig, auf ausreichend Flüssigkeit zu achten. Du solltest also immer besonders viel trinken, wenn du Aktivkohle zu dir nimmst. Zusätzlich ist es wichtig, die Aktivkohle eher gezielt einzusetzen (wie beispielsweise eine Kur), da sie natürlich auch gute Stoffe binden und ausscheiden kann.

Fun Fact: Aufgrund ihrer Absorptionsfähigkeit wirkt Aktivkohle auch nach einer durchzechten Nacht und einem Kater am nächsten Morgen Wunder. Deshalb wird sie sogar in Notaufnahmen weltweit zur Behandlung von Alkoholvergiftungen oder anderen Vergiftungsfällen eingesetzt.

GLÜCKSMIX FÜR JEDE ART VON MIXER

1 l Rooibos-Tee
Saft aus 2 Zitronen
15 Basilikumblätter
5 Datteln, entkernt
1 TL Aktivkohle
Eiswürfel
evtl. frische Zitronenscheiben zum Garnieren

DER WEG ZUM GLÜCK:

Zwei Gläser kühl stellen.
Alle Zutaten in den Mixbehälter geben und pürieren, bis eine homogene Masse entsteht.
Die Eiswürfel in die gekühlten Gläser geben, mit dem Limonaden-Mix aufgießen und ein paar frische Zitronenscheiben hinzufügen.
Schon fertig!

WERDE KREATIV:

Der Hals kratzt und du merkst, dass sich eine Erkältung einschleicht? Dann verfeinere deine Limonade mit etwas Cayennepfeffer oder frischem Ingwer. Letzteres wirkt auch besonders gut, um deine Verdauung zu unterstützen – einfach mit ein paar Minzblättchen zu deiner Limo dazugeben.
Wer es gerne sprudelig mag, kann den Tee durch kohlensäurehaltiges Wasser ersetzen.
Hallo Schwerkraft! Das Aktivkohlepulver wird sich nach einer Zeit am Boden absetzen. Vor dem Trinken einfach noch einmal umrühren oder kräftig schütteln, sodass wieder eine gleichmäßige Masse entsteht.

Goldener Kurkuma LATTE

Portion: 1 Glas

Gold, gold, gold sind alle meine Kleider. Schön wär's. Aber golden ist mein Morgen. Mit Kurkuma und ohne Sorgen.
Kurkuma ist eine tolle Sache. Du hast wahrscheinlich schon davon gehört, und falls dich der Geschmack noch nicht überzeugt hat, dann vielleicht das Gesundheitsplus, das ist enorm. (Vgl. S. 34 in diesem Buch.)

GLÜCKSMIX FÜR JEDE ART VON MIXER

1 TL Flohsamenschalen
200 ml Wasser
1 Banane, gefroren
½ TL (3 g) Kurkumapulver
150 ml Hafermilch
1 EL Cashewmus oder ganze Kerne
1 Prise Vanillepulver
1 Prise Zimt
1 Prise Kardamom

DER WEG ZUM GLÜCK:

Flohsamenschalen in dem Wasser 30 Minuten quellen lassen.
Alle Zutaten in den Mixbehälter geben und pürieren. Je nach Kraft des Mixers Cashewmus oder ganze Kerne verwenden. Den Kurkuma-Shake auf 1–2 Gläser verteilen und mit einem Glasstrohhalm genießen, um gelbe Mundwinkel zu vermeiden.

Pumpkin Spice LATTE

Portion: 1 Glas

Happy Halloween! – oder so ähnlich. Ich finde, dass der Pumpkin Spice Latte immer getrunken werden kann. Nur schade, dass die Kürbiszeit da nicht ganz mitmacht. Wenn sie dann aber da ist, heißt es zuschlagen. Du kannst hier anstelle des Hokkaidos auch Butterkürbis nehmen.

GLÜCKSMIX FÜR JEDE ART VON MIXER

30 g Kürbis, Hokkaido
250 ml Hafermilch (kann mit Wasser verdünnt werden)
2 Datteln
1 TL Pumpkin Spice*
Optional: 1 EL Cashewmus

***Pumpkin Spice-Mischung:**
2 TL Zimt
¼ TL Nelke
2 Kapseln Kardamom
½ TL Ingwer
½ TL Piment

DER WEG ZUM GLÜCK:

Den Kürbis in der Hafermilch gar kochen. In den Mixer geben und mit den Datteln plus Gewürzen pürieren. Gegebenenfalls Cashewmus dazugeben und warm servieren.
*Pumpkin Spice-Mischung:
Kardamom-Kapseln schälen und die Samen mörsern. Mit den restlichen Zutaten vermischen.

WERDE KREATIV: Wenn du keine Lust mehr auf Kürbis hast, dann sorgt Rote Bete für ein rosa Träumchen. Das Pumpkin Spice würde ich dann durch Vanille ersetzen.

Pre-Workout Booster

Portion: 1 Glas

Wie kommt man eigentlich auf so eine komische Mischung, frage ich mich manchmal selbst, wenn ich nach diesem Rezept mixe.
2015, März, Annelina wird überredet, sich beim Wings for Life Run anzumelden. Sie, ohne Plan, zwei Wochen vor dem Start – wie kann man aus sich bloß das Beste rausholen? Ein professioneller Läufer-Freund rät: Chia ist gut, Datteln und Zitrone. Der optimale natürliche Booster für extra viel Energie.
Während andere sich Energydrinks vor dem Lauf einflößen, habe ich mein selbstgebrautes braunes Zeug dabei. Aber ich sage dir, ich habe die 24 km unter 2 Stunden gerockt :).

GLÜCKSMIX FÜR JEDE ART VON MIXER

2 Datteln, entkernt
1 TL Chiasamen
250 ml Kokoswasser oder Wasser
Saft aus 1 Zitrone

DER WEG ZUM GLÜCK:

Die Zutaten zusammen in den Mixbehälter geben und so lange mixen, bis alles gut vermischt ist. Vor dem Verzehr 30 Minuten ruhen lassen, damit sich die Klumpen auflösen und die Chiasamen ihre Wirkung entfalten können.

Wer schnell aus der Puste kommt, kann mit Roter Bete die Sauerstoffversorgung im Blut nochmals ankurbeln. (Ich dachte nur, man muss es nicht gleich komplett übertreiben.)

Fruchtiger Heidelbeer Lassi

Portionen: 2 Gläser

Der Klassiker verwendet Mango. Der Regio nimmt Heidelbeeren. Am Ende geht es aber mit allen Beeren. Himbeeren, Brombeeren, Erdbeeren oder ein Triple Berry Lassi? Wofür auch immer du dich entscheidest, es wird dir bestimmt schmecken.

GLÜCKSMIX FÜR JEDE ART VON MIXER

½ Vanilleschote
150 g Heidelbeeren, TK
1 EL Zitronensaft
200 g Soja-Kokosjoghurt
200 ml Reismilch

Außerdem:
Frische Minze

DER WEG ZUM GLÜCK:

Vanilleschote aufschneiden und Mark herauskratzen. Heidelbeeren mit Zitronensaft, Joghurt und Reismilch in den Mixer geben und cremig pürieren.
Auf zwei Gläser verteilen und mit frischer Minze genießen.

Skinny Mocha Schoki
ON THE ROCK

Portionen: 2 Gläser

Jetzt geht's ab. Mit kaltem Kaffee und Kakao bringst du dein zentrales Nervensystem richtig auf Hochtouren. Da fangen nicht nur alle Rezeptoren an zu arbeiten, sondern auch deine Vorstellungen, die nun vielleicht schon die Bilder vom nächsten Urlaub am Strand im Liegestuhl hervorrufen. Denn die Euphorie ist ein netter Begleiter von Koffein, das neben Kaffee auch in Kakao steckt.

GLÜCKSMIX FÜR JEDE ART VON MIXER

150 ml Kaffee, kalt
200 ml Haselnussmilch oder andere Pflanzenmilch
3 TL Kakaopulver, roh
½ TL Zimt
2 TL Dattelsüße
4 Eiswürfel
Optional: 1 Messerspitze Guarkernmehl für mehr Cremigkeit

Außerdem:
Eiswürfel zum Servieren

DER WEG ZUM GLÜCK:

Alle Zutaten in den Mixer geben und zu einem Kaltgetränk pürieren. Mit Eiswürfeln servieren.

Koffeinfrei:
Einfach den Kaffee durch Wasser oder Pflanzenmilch ersetzen und gegebenenfalls mehr Süße dazugeben.

WERDE KREATIV:

Skinny ist out, ich will mehr.
Das kannst du haben, nimm hier einfach eine Vollfett Kokosnussmilch und mache deine Skinny Mocha Schoki zur Creamy Iced Mocha Schoki. Auch 1 EL Tahin oder anderes Nussmus verleiht dem Drink eine geschmacksintensive Note.

Übrigens: On the Rock heißt das Ganze nur, weil die Eiswürfel wie Felsen in der Schoki-Brandung stehen.

Iced Mint Matcha

Portionen: 2 Gläser

Matcha schmeckt, ist grün und enthält Koffein. Der Unterschied zu Kaffee: Das Koffein wirkt langsamer und unsere Energiekurve steigt und fällt somit gleichmäßiger. Auch enthält das grüne Pulver wertvolle Antioxidantien.

GLÜCKSMIX FÜR JEDE ART VON MIXER

3 Minzzweige
2 TL Matcha-Pulver
450 ml Kokosdrink oder Hafermilch
2 Datteln oder 1 EL Ahornsirup
4 Eiswürfel
Optional:
1 EL Pistazienmus oder frische Pistazien

Zum Servieren:
4 weitere Eiswürfel, Minze

DER WEG ZUM GLÜCK:

Blätter von den Minzzweigen zupfen und mit den restlichen Zutaten in den Mixbehälter geben. Besitzt du einen Hochleistungsmixer, kannst du 1 EL frische Pistazien hinzugeben sowie Datteln. Für den Standardmixer empfiehlt sich die Variante Pistazienmus und Ahornsirup.

WERDE KREATIV:

Als Matcha-Profi brauchst du gar keine Süße. Auch die Milch kannst du mit Wasser verdünnen.

Di

– DIPS UND AUFSTRICHE –

Dip dein Glück

Minziger Erbsenaufstrich

Portionen: 2 ½ Tassen (450 g)

GLÜCKSMIX FÜR JEDE ART VON MIXER

450 g Erbsen, gefroren
200 ml Gemüsebrühe
Saft aus ½ Zitrone
1 Frühlingszwiebel
1 Handvoll Minze
Salz
Pfeffer

DER WEG ZUM GLÜCK:

Alle Zutaten in den Mixbehälter geben. Zutaten im Puls-Modus beziehungsweise mit geringer Geschwindigkeit feinhacken, bis eine geschmeidige Masse entsteht. Gegebenenfalls etwas Brühe hinzugeben. Mit Salz und Pfeffer abschmecken.
Yuuuum, und ab in den Kühlschrank!

WERDE KREATIV:

Sauer macht lustig, richtig? Das mögen wir. Jubel dem Grün gerne etwas Gelb unter. Der Zitronensaft sorgt für einen saftigen und erfrischenden Geschmack.
Das reicht noch nicht? Kein Thema, wir können auch noch einen oben drauf setzen, mit 1-2 TL Tahin oder Avocado, das macht den Dip super cremig.

SCHÖN UND GUT, ABER WAS MACHE ICH JETZT DAMIT?

Wer mich kennt, weiß – ich esse den Dip natürlich mit Möhren. Wenn das mal langweilig wird, kommt er auf Maiswaffeln mit frischen Sprossen oben drauf. Grüner geht's auch mit Spargel; roh oder gekocht, beides schmeckt vorzüglich.

Geschmeidiges Kidneymus

Portion: 400 g

Ein gesunder Dip mit einer leichten, seidig-geschmeidigen Textur und einem einzigartigen Geschmack. Auch in schwarz möglich. Jawohl, so sieht's aus.

GLÜCKSMIX FÜR JEDE ART VON MIXER

400 g Kidneybohnen, mit Aquafaba (Bohnenwasser) aus der Dose
2 EL Tahin
1 TL Knoblauchpulver
1 TL Harissa-Pulver
1 Prise Kreuzkümmel
Saft aus 1 Zitrone
Salz

DER WEG ZUM GLÜCK:

Alle Zutaten in den Mixbehälter geben und mixen. Gegebenenfalls Wasser hinzufügen und so lange mixen, bis die Masse geschmeidig ist. Nach Belieben salzen.

Durch das Aquafaba, zu Deutsch Bohnenwasser, ist dieser Hummus besonders schlank.

WERDE KREATIV:

Mach dein Bohnenmus in Sekundenschnelle sexy schwarz und zum Hingucker des Abends.
Wenn du Lust hast, den Hummus zu tarnen, ist 1 TL Aktivkohle deine Lösung. Deine Spione werden es sicher nicht herausfinden, denn die Tarnung ist geschmacklich nicht zu entlarven. Was sie vielleicht bemerken werden, ist eine dunkle Verfärbung des Stuhlgangs, denn was reinkommt, kommt auch wieder raus. Richtig?
Mehr zur schwarzen Tarnung findest du auch im Rezept Sexy Limo in Schwarz.

Feurige Tomaten Salsa

Portion: 450 g

Lust auf eine Reise in den Süden? Yippie, dann kann ich dir eine mediterrane Salsa-Freude bereiten.

GLÜCKSMIX FÜR JEDE ART VON MIXER

3 Tomaten
4 sonnengetrocknete Tomaten
1 Bund Petersilie (ca. 12 g)
¼ Zwiebel
½ Knoblauchzehe
10 Basilikumblätter
25 g Pinienkerne
1 Chili
Salz

DER WEG ZUM GLÜCK:

Alle Zutaten in den Blender-Behälter geben. Falls vorhanden, die Puls-Funktion nutzen, um die Zutaten zu zerkleinern, bis alles gut gemixt ist, aber dennoch etwas Textur hat. Nach Belieben würzen.

MEHR CHARAKTER FÜR DIE SALSA?

Eins meiner Lieblinge, das fast immer und überall den Charakter verstärkt, sind Hefeflocken. Für zusätzliche Würze und einen tiefen Geschmack, weiteres Protein, Vitamine und Mineralstoffe kannst du 3 TL Hefeflocken hinzugeben.

Heißer Tipp:
Diese Salsa ist eine der wenigen Dinge, bei denen ich Kracker und Chips Rohkostgemüse gegenüber den Vorrang gewähre. Aber natürlich schmeckt sie auch super mit Karotten und Sellerie. Ebenso kann sie auf Pasta oder als Beilage zu Gegrilltem sehr gut punkten.

Schlanke Mayonnaise

Portion: 400 g

Diese Mayo ist ein Dauerbrenner auf meinem Blog und falls du *Buddha Bowls* besitzt, kommt sie dir mit Sicherheit bekannt vor. Ich habe sie nun nochmals optimiert. Die Charakterzüge der Mayonnaise sind: schlank, geschmeidig und sexy.
Sie passt sehr gut zu Salat, einem Sandwich, rohem Gemüse oder natürlich auf eine Buddha Bowl. Die im Kühlschrank gelagerte Mayo hält dich bis zu einer Woche bei Laune.

GLÜCKSMIX FÜR JEDE ART VON MIXER

400 g Seidentofu
Saft aus 1 Zitrone
3 EL Tamarisauce oder Sojasauce
1 EL Senf
1–2 Datteln oder 1 EL Ahornsirup
½ TL Kala Namak Salz

DER WEG ZUM GLÜCK:

Alle Zutaten in den Blender geben und pürieren. Sobald die Masse geschmeidig ist, probieren und gegebenenfalls mit mehr Essig oder Tamari-/Sojasauce abschmecken.
In ein luftdichtes Glas füllen und im Kühlschrank bis zu 7 Tagen aufbewahren.

Das Rezept für den Burger findest du auf meinem Blog: annelinawaller.com unter *"Ultimativer Linsen Cranberry Burger"*.

Feto Dip

Fermentiertes: der Trend des Jahres, oder auch die jahrhundertealte Tradition, die nun wieder aufblühen darf. Unter dieser Rubrik finden wir auch Feto wieder.
Feto, mit veganen Joghurtbakterien fermentierter Tofu, der es geschmacklich echt drauf hat und leicht an Feta erinnert, aber wirklich nur leicht, mit einer säuerlichen Note.

GLÜCKSMIX FÜR JEDE ART VON MIXER

200 g Feto, fermentierter Tofu
Salz
Pfeffer
4 EL Tahin (30 g)
4 EL Wasser
1 Knoblauchzehe
Saft und Schale 1 Bio-Zitrone
frische Petersilie, nach Belieben

DER WEG ZUM GLÜCK:

Feto in grobe Würfel schneiden, mit Salz, Pfeffer, Tahin und Wasser in den Mixer geben. Den Knoblauch, sowie Saft und abgeriebene Schale der Zitrone dazugeben. Alles pürieren, bis eine cremige Masse entsteht.
Petersilie fein hacken und in die Creme rühren, sowie damit verziehen. Mit Salz und Pfeffer abschmecken und zum Beispiel mit den Zucchini Brötchen (S. 76) genießen.
Verschlossen in einem Gefäß hält sich die Creme im Kühlschrank 2 bis 3 Tage.

WERDE KREATIV:

Petersilie, Schnittlauch, Dill - was dein Herz begehrt, begehrt auch der Feto.
Du kannst den Dip zusätzlich zu den frischen Kräutern auch noch mit weiteren Gewürzen wie Kurkuma, Paprikaflocken, Kerbel oder Sumach verfeinern.

Thailändischer Erdnuss Dip

Portion: 200 g

GLÜCKSMIX FÜR JEDE ART VON MIXER

100 g Kokosmilch
100 g Erdnussmus
Saft aus ½ Limette
1 Stück Ingwer, gerieben (3 g)
½ EL Tamari
½ EL Ahornsirup
1 TL rote Chili Bio Curry Paste

DER WEG ZUM GLÜCK:

Alle Zutaten im Mixer zu einer Creme pürieren.
Den Dip zu Sommerrollen oder mit Gemüse Sticks oder Nachos genießen.

WERDE KREATIV:

Wenn es etwas gibt, was der Mehrheit unserer Bevölkerung schmeckt, dann ist es Erdnuss. Und Erdnuss gepaart mit Kokosmilch setzt nochmal einen oben drauf. Die Sauce ist der Renner auf allen Grillpartys oder auch einfach so als Dip. Ich esse sie am liebsten zu Sommerrollen, den unfrittierten Verwandten der Frühlingsrolle.

Basilikum Dip

Portion: 300 g

GLÜCKSMIX FÜR JEDE ART VON MIXER

200 g mehlige Kartoffeln, gekocht
1 Bund Basilikum
Schale 1 Bio-Zitrone, abgerieben
100 ml Kokosmilch
½ TL Gemüsebrühe
2 EL Schwarzkümmel
Salz, Pfeffer zum Abschmecken

DER WEG ZUM GLÜCK:

Die Kartoffeln schälen und in grobe Stücke schneiden.
Das Basilikum gut waschen und in sehr grobe Stücke schneiden. Die Stiele können gerne dran bleiben. Alle Zutaten bis auf den Schwarzkümmel in den Mixer geben und einige Male pulsen beziehungsweise auf niedriger Stufe mixen, bis eine grobe Masse entsteht. Den Schwarzkümmel dazugeben und nochmals kurz pulsen, sodass sich der Schwarzkümmel verteilen kann. Der Dip darf noch ein paar gröbere Stücke enthalten. Je nach Belieben kannst du ihn natürlich auch ganz fein pürieren.
Den Dip in eine Schüssel füllen und kalt stellen.

WERDE KREATIV:

Falls dir der Dip tatsächlich mal langweilig wird, habe ich hier einen Tipp: zum Markt gehen und einmal die Kräuterrange durchkaufen. So kannst du das Rezept immer wieder neu erfinden. Ich liebe zum Beispiel auch das Thai-Basilikum in diesem Dip.

Dres

– DRESSINGS –

Top dein Glück

FETTARMES Thousand Island Dressing

Portionen: 8

Bei diesem Dressing hatte ich den Anspruch, meine Jugend-Lieblingscocktailsauce „in gesund“ zu kreieren. And here we go!

GLÜCKSMIX FÜR JEDE ART VON MIXER

200 ml Soja-Joghurt
100 ml Hafermilch
100 ml Gemüsebrühe
1 TL Senf
2 EL (30 g) Tomatenmark
2 Feigen, getrocknet
Salz zum Abschmecken
Optional: 1 EL Hefeflocken

DER WEG ZUM GLÜCK:

Alle Zutaten in den Mixbehälter geben und zu einem Dressing mixen. Das Dressing in ein luftdichtes, verschließbares Glas füllen und bis zu 7 Tagen im Kühlschrank aufbewahren.

WERDE KREATIV:

Sojajoghurt ist nicht so deins? Kokos funktioniert hier genauso gut. Auch die Feigen kannst du kreativ durch anderes Trockenobst wie Rosinen, Aprikosen oder Datteln ersetzen.

Apfel Zimt Dressing

Portionen: 6

GLÜCKSMIX FÜR JEDE ART VON MIXER

200 g Apfelmus
80 g weißer Balsamico
120 g Hafermilch
5 TL Misopaste (50 g)
4 TL Senf
½ TL Kreuzkümmel
½ TL Zimt
Salz und Pfeffer zum Abschmecken

DER WEG ZUM GLÜCK:

Alle Zutaten in einen Mixer geben und dreimal kurz pulsen oder vorsichtig mixen. Anschließend nochmal mixen, sodass sich die Misopaste gut auflöst.
Das Dressing mit Salz und Pfeffer abschmecken. Mit Blattsalat oder zu einer Buddha Bowl genießen. Das Dressing ist ayurvedisch angehaucht, weswegen es auch gut zu allen indischen Speisen passt.

Du kannst es in einem luftdichten Glas bis zu 7 Tagen im Kühlschrank lagern.

MORE IS MORE

Da das Dressing wie alle meine Dressings ölfrei und fettarm ist, kannst du bei der Dosierung gerne alle Schüchternheit ablegen. Die Portionsangabe ist nur ein grober Richtwert, der in „Küche Waller" nur zu gerne überschritten wird. Eine Buddha Bowl braucht schließlich viel Dressing.

Cremiges Cashew-Dressing

ROH UND VEGAN

Portionen: 10

GLÜCKSMIX IM HOCHLEISTUNGSMIXER

100 g Cashewkerne
100 g Datteln
50 g Sojasauce
80 g Apfelessig oder Balsamico
180 ml Wasser
1 EL Hefeflocken

DER WEG ZUM GLÜCK:

Die Cashewkerne in ein Glas geben. Das Glas mit Wasser auffüllen und über Nacht in den Kühlschrank stellen.
Bevor du die Sauce zubereitest, die Cashewkerne abgießen und waschen. Mit Datteln, Sojasauce, Essig, Wasser und Hefeflocken in den Mixer geben und pürieren, bis ein seidiges Dressing entsteht. Gegebenenfalls noch etwas Wasser hinzugeben, wenn du es lieber etwas flüssiger magst.
In einer geschlossenen Glasflasche kannst du das Dressing im Kühlschrank ca. 6–7 Tage aufbewahren.

Besonders gut schmeckt das Dressing zu rohen Zucchini-Nudeln aber auch sonst zu jeglichem Salat. Ich gebe es teilweise auch über Reis oder Quinoa.

Tipp: Wenn du die Sauce noch einen Tick gesünder magst, kannst du anstelle des Essigs frischen Zitronensaft verwenden und noch etwas Knoblauch hinzugeben.

GLÜCKSMIX IM STANDARDMIXER

100 g Cashewkerne
100 g Dattelsirup
60 g Sojasauce
80 g Apfelessig oder Balsamico
180 ml Wasser
1 EL Haferflocken

DER WEG ZUM GLÜCK:

Das Vorgehen entspricht dem des Hochleistungsmixers.

WERDE KREATIV:

Wenn dein „Cashewlevel" aufgefüllt ist, teste doch mal Tahin, danach Haselnüsse, dann Mandeln, anschließend vielleicht Pistazien und Macadamianüsse. Danach ist der Geldbeutel dann wahrscheinlich leergeräumt und du steigst auf Sonnenblumenkerne um.

Seidiges Rote Bete Dressing

Portionen: 14

Ich liebe das cremige Rote Bete Dressing besonders über meinen Salaten und Buddha Bowls. Es passt jedoch ebenso hervorragend zu allem anderen, wie beispielsweise Quinoa, Kartoffeln, Reis und sogar Pasta (auch warm). Ich mache es mir immer auf Vorrat und halte es im Kühlschrank griffbereit. Das Rote Bete Dressing hält sich ca. 7 Tage luftdicht verschlossen im Kühlschrank. Muss es dann mal schnell gehen, können wir uns beispielsweise an einer Dose Kichererbsen mit vielleicht etwas frischer Gurke, Petersilie und dem Rote Bete Dressing erfreuen. Das Ganze geht dann unter 5 Minuten und ist ein super gesundes und proteinreiches Essen. Und auch das Dressing ist mega schnell fertig: mit dem richtigen Mixer in ca. 3 Minuten, mit dem Pürierstab oder Standardmixer ein klein wenig länger.

GLÜCKSMIX FÜR JEDE ART VON MIXER

½–1 Rote Bete, roh und bio
400 g Seidentofu
250 ml Wasser
100 ml Essig
5–6 Datteln (je nach Süße, z. B. Sukari)
1 EL Senf
6 EL Sojasauce
1 Prise Pfeffer
Optional: Knoblauchzehe

DER WEG ZUM GLÜCK:

Die Rote Bete (mit Schale) in grobe Stücke schneiden. Alle Zutaten in einen Mixer geben und cremig pürieren.
Das Dressing kann im Kühlschrank in einem luftdichten Schraubglas bis zu 7 Tagen aufbewahrt werden.

Cremiges Bohnen Dressing

Portionen: 4

Hello Tönchen von dem Böhnchen.
So schlimm ist es nicht, versprochen. Falls du ans Bohnenessen noch nicht gewöhnt bist und das Tönchen hervortreten sollte, habe ich hier ein paar ISSHAPPY-Tricks für dich, um die Menge an Oligosacchariden zu verringern, die für diese Klänge sorgen.

Gegen das Tönchen beim Böhnchen:

1. Bohnen in ca. 80 Grad heißem Wasser für einige Stunden einweichen, Wasser danach beseitigen.
2. Kaliumcarbonat ins Kochwasser geben. Das verringert den Gehalt der Oligosaccharide.
3. Kreuzkümmel ist der Feind der Tönchen. Das ist auch der Grund, warum in vielen Bohnencremes Kreuzkümmel enthalten ist. Deswegen findest du auch hier die Option.
4. Bohnentagebuch schreiben und jede einzelne Bohnensorte auf Verträglichkeit testen.
5. Ganz viele Bohnen essen, bis du „resistent" wirst.

GLÜCKSMIX FÜR JEDE ART VON MIXER

100 g weiße Bohnen, gekocht
100 g Hafermilch (8 EL)
2 EL weißes Mandelmus (40 g)
3 EL Tamari (35 g)
1 EL Hefeflocken (6 g)
1,5 TL Senf (15 g)
Optional: ½ TL Kreuzkümmel

DER WEG ZUM GLÜCK:

Die Zutaten entsprechend der Mixer-Regeln (vgl. S. 16) in den Mixbehälter geben und pürieren. Gegebenenfalls noch etwas Wasser hinzufügen und mit Salz abschmecken.
Das Dressing hält sich in einem luftdichten Glas bis zu 7 Tagen im Kühlschrank.

Heißer Tipp:
Das Dressing schmeckt neben grünem Salat auch besonders lecker zu Nudelsalat und reicht genau für einen Nudelsalat mit 250 g Nudeln.

Erfrischendes Minz Dressing

Portionen: 4

GLÜCKSMIX FÜR JEDE ART VON MIXER

4 Minzzweige
200 ml Gemüsebrühe
4 EL Zitronensaft
2 EL Cashewmus
1 EL Reissirup
Pfeffer, Salz zum Abschmecken

DER WEG ZUM GLÜCK:

Die Minzblätter vom Stängel befreien, mit den restlichen Zutaten in den Mixbehälter geben und auf Vollgas drehen. Zu einem cremigen Dressing pürieren.
Das Dressing hält sich in einem luftdichten Glas bis zu 7 Tagen im Kühlschrank.

Tipp:
Es schmeckt sehr gut zu Spargel, Kartoffeln oder einfach als Salatdressing.

WERDE KREATIV:

Keine Lust mehr auf Cashews? Auch hier wäre zum Beispiel Tahin eine super Alternative.

Schnelles Miso Dressing

Portionen: 4

GLÜCKSMIX FÜR JEDE ART VON MIXER

1 gr. Stück frischer Ingwer (6 g)
100 ml Kokosmilch
100 ml Wasser
50 g helles Miso (5 TL)
Saft aus 1 Limette
2 EL Reissirup oder 20 g Datteln
Optional: 1 Knoblauchzehe

DER WEG ZUM GLÜCK:

Den Ingwer schälen und in grobe Stücke schneiden. Alle Zutaten in den Mixbehälter geben und auf Vollgas drehen. Solange pürieren, bis sich alle Zutaten miteinander zu einem cremigen Dressing vereint haben.
Das Dressing in ein luftdicht verschließbares Glas füllen und bis zu 7 Tagen im Kühlschrank aufbewahren.

Das Dressing passt sehr gut zu asiatischen Nudelsalaten oder Poké Bowls. Auch mit Sommerrollen oder zu Quinoa-Salaten mundet es hervorragend. Ich liebe es auch als Dressing für rohe Gemüsenudeln aus Karotte, Gurke oder Zucchini.

Serviervorschlag:
1 Zucchini, spiralisiert
2 Möhren, spiralisiert
1 rote Paprika, in feine Streifen geschnitten
1 Mango, in feine Streifen geschnitten
1 Handvoll Koriander

Toppings:
geröstete Erdnüsse, Cashews oder Mandeln

ZUBEREITUNG:

Alle Zutaten in eine Schüssel geben und mit dem Miso-Dressing marinieren. Das Dressing ca. 30 Minuten einwirken lassen, mit den Nüssen und gegebenenfalls etwas weißem oder schwarzem Sesam und Chili verziert servieren.

HIER NOCH MEIN LIEBLINGS-FAKT ZU MISO:

Miso ist einfach DAS WÜRZMITTEL aller gesundheitsbewussten Veganer. Und ab heute auch deins :). Nein, Spaß beiseite, aber wenn du überlegst, etwas mehr auf Miso zu setzen (falls du es nicht ohnehin schon tust), wirst du glückliches Opfer der Wirkungskraft des verwertbaren Eiweißes (vgl. auch Seite 36 in diesem Buch). Das bisschen Miso in diesem Dressing wird hier natürlich keine Felsen rollen, setzt du jedoch vermehrt auf diese Würze, dann werden die Felsen durchaus lockerer. Und mich überzeugt neben dem Gesundheitsaspekt auch einfach der Geschmack von Miso.

Mandel Senf Dressing

Portionen: 3-4

Senf in Dressings oder Saucen zu geben ist schon eine ziemlich geniale Erfindung. Hast du dich mal gefragt wie die Redewendung „seinen Senf dazugeben" eigentlich entstanden ist?
Schon im 17. Jahrhundert, damals, als Senf noch etwas Besonderes war, gaben Wirte gerne zum Essen etwas Senf dazu, um ihre Speisen wertvoller wirken zu lassen. Egal, ob es wirklich passte oder nicht. So verhält es sich auch mit unserer Redensart, weil man mit seinem „Senf" anderen ungefragt seine Meinung auftischt. Egal, ob sie gewünscht ist oder nicht.

GLÜCKSMIX FÜR JEDE ART VON MIXER

50 g Mandeln, eingeweicht
2 TL Senf
4 TL Tamarisauce (oder Soja)
2 EL Apfelessig
3 EL Wasser
Pfeffer, Salz zum Abschmecken

DER WEG ZUM GLÜCK:

Die eingeweichten Mandeln abwaschen und mit den anderen Zutaten in den Mixbehälter geben. So lange püriert, bis ein cremiges Dressing entsteht. Mit Salz und Pfeffer abschmecken.
Das Dressing in ein luftdicht verschließbares Glas füllen und bis zu 7 Tagen im Kühlschrank aufbewahren.

Gurken Basilikum
DRESSING

Portionen: 4

GLÜCKSMIX FÜR JEDE ART VON MIXER

200 g Gurke, gewürfelt
1 Bund Basilikum, grob geschnitten
3 TL Miso, hell oder 1 TL Gemüsebrühe
4 EL Zitronensaft
½ TL Zitronenschale, bio, abgerieben
1,5 EL Reissirup

DER WEG ZUM GLÜCK:

Alle Zutaten in den Mixbehälter geben und solange pürieren, bis eine homogene Flüssigkeit entsteht.
Das Dressing in ein luftdicht verschließbares Glas füllen und bis zu 7 Tagen im Kühlschrank aufbewahren.

Heißer Tipp:
Das Dressing schmeckt besonders gut zu einem fruchtigen Salat wie Feldsalat mit Avocado und Erdbeeren/Trauben.

Kartoffel Tomaten Dressing

Portionen: 4–6

GLÜCKSMIX FÜR JEDE ART VON MIXER

70 g Speisekartoffeln, gekocht
100 g Tomaten
150 ml kalte Gemüsebrühe
2 EL flüssiges Tahin
2 EL Apfelessig oder Zitronensaft
Salz, Pfeffer zum Abschmecken

DER WEG ZUM GLÜCK:

Kartoffeln schälen und in grobe Stücke schneiden. Die Tomaten würfeln und mit der Gemüsebrühe, dem Tahin, Apfelessig und den Kartoffeln in den Mixbehälter geben. Zuerst auf niedriger Geschwindigkeitsstufe mixen und dann auf Höchstgeschwindigkeit. Das Dressing sollte schön cremig werden. Mit Salz und Pfeffer abschmecken und zu Salaten servieren.
Das Dressing ist in einem luftdichten Glas bis zu 7 Tagen im Kühlschrank haltbar.

Tipp:
Das Dressing eignet sich auch hervorragend als kalte oder warme Sauce zu Reis, Pellkartoffeln oder Gnocchi.

WERDE KREATIV:

Süßkartoffeln statt Kartoffeln, anderes Nussmus oder Kokosmilch statt Tahin? Was auch immer dein Bauchgefühl gerade sagt, teste es aus.

Fruchtige Himbeer Vinaigrette

Portionen: 8

GLÜCKSMIX FÜR JEDE ART VON MIXER

140 g Himbeeren, TK oder frisch
40 ml frischer Zitronensaft oder rosa Balsamico
60 ml Apfelmus
120 ml Wasser oder mehr zum Verdünnen
1 Dattel oder 1 EL Ahornsirup
Salz und Pfeffer zum Abschmecken

DER WEG ZUM GLÜCK:

Alle Zutaten in den Mixer geben und so lange pürieren, bis ein feines Dressing entsteht. Im Optimalfall sind auch die Himbeerkerne vermixt. Falls dein Mixer dies nicht schafft, dich die Kerne aber stören, kannst du das Dressing einfach durch ein Sieb in ein Glas füllen. Das Dressing kann luftdicht verschlossen bis zu 7 Tagen im Kühlschrank lagern.

BANANA IT UP:

Das Dressing erinnert geschmacklich an einen Smoothie. Aber Smoothie auf Salat ist auch eine tolle Sache. Als ich mich 2015 eine Weile rohvegan ernährte, bestand mein Salatdressing aus Banane, Basilikum und Zitrone. Das schmeckt auch einfach richtig gut zu jeder Art von Blattsalat.

MAN NEHME:

1 Banane
1 Handvoll Basilikum
Saft aus 1 Zitrone

UND DANN:

Ab in den Mixer.

Sau

– SATTMACHER –
Iss dein Glück

Fruchtige Currysuppe

Portionen: 4

GLÜCKSMIX IM HOCHLEISTUNGSMIXER

600 ml Gemüsebrühe
400 ml Kokosmilch
½ Apfel
1 Banane
1 gr. Mango
3 Knoblauchzehen, geschält
3–4 Frühlingszwiebeln, geschnitten
1 TL Currypulver
1 Prise Salz

DER WEG ZUM GLÜCK:

Brühe und Kokosmilch in den Mixer gießen. Obst und Gemüse, Currypulver und eine Prise Salz hinzufügen. Falls vorhanden, die Suppen-Einstellung des Mixers wählen. Falls nicht, erst pulsen und dann langsam die Geschwindigkeit hochdrehen. So lange mixen, bis eine geschmeidige Masse entsteht und sichtbar Dampf aufsteigt (ca. 4–5 Minuten).

Portionen: 2

GLÜCKSMIX IM STANDARDMIXER

200 ml Kokosmilch
½ kl. Lauchstange, geschnitten
1½ Knoblauchzehen, geschält
1 TL Currypulver
1 Prise Salz
½ Apfel
½ Banane
1 kleine Mango
300 ml Gemüsebrühe

DER WEG ZUM GLÜCK:

1 EL Kokosmilch in einem Topf erhitzen. Lauch und Knoblauch fein schneiden und zusammen mit dem Currypulver und einer Prise Salz in den Topf geben, zudecken und bei sanfter Hitze garen. Ab und zu umrühren, bis eine weiche, goldbraune Masse entsteht. Das Obst in Stücke schneiden, in den Topf geben und 5 Minuten kochen. Brühe und restliche Kokosmilch hinzugeben und köcheln lassen, bis alles weich gegart ist. 10 Minuten abkühlen lassen. Dann den Topfinhalt in den Mixer gießen. Die Masse zu einer geschmeidigen Suppe pürieren. Nach Belieben nachwürzen.

Diese Suppe ist ein Knaller bei Dinner-Partys und bringt etwas Abwechslung zu den berühmten Hokkaido-Suppen.

Cremige Blumenkohlsuppe

Portionen: 2

Zeit für etwas Magie mit nur drei Zutaten. Diese Suppe ist so luftig und fluffig, dass ich manchmal nicht weiß, ob es wirklich eine Suppe ist oder eine Art Dip.

GLÜCKSMIX FÜR JEDE ART VON MIXER

100 g Cashews, über Nacht eingeweicht
250–300 ml Gemüsebrühe, warm
350 g Blumenkohl, gedämpft
Salz zum Abschmecken

DER WEG ZUM GLÜCK:

Die eingeweichten Nüsse waschen. Brühe in den Mixer gießen. Gemüse und Nüsse hinzufügen. Die Zutaten zu einer cremigen Suppe pürieren und mit Salz abschmecken. Nach Belieben noch etwas Wasser dazugeben, um die Suppe zu verdünnen.

WERDE KREATIV:

Greif auch auf andere Nüsse zurück oder teste Nussmus.

Einfache Erbsensuppe

Portionen: 2

GLÜCKSMIX FÜR JEDE ART VON MIXER

400 ml Gemüsebrühe
4 Stangen Frühlingszwiebeln
200 g Erbsen, TK
3 EL Maisgrieß oder anderen
Salz, Pfeffer, Muskat

Toppings:
Schwarzkümmel, Buchweizen, Sprossen, Frühlingszwiebeln, ggf. Pflanzenquark

DER WEG ZUM GLÜCK:

Gemüsebrühe in einem Topf erwärmen. Frühlingszwiebeln kleinschneiden und dazu geben. Die Erbsen ebenfalls dazugeben und alles 10 Minuten köcheln lassen. Den Grieß einrieseln, einmal aufkochen lassen, umrühren und vom Herd nehmen. 5 Minuten abkühlen lassen und alle Zutaten im Mixer cremig pürieren. Mit Salz, Pfeffer und Muskat abschmecken und mit Schwarzkümmel servieren.

Diese Suppe ist ein Post-Workout-Knaller. Die Proteine hier sind der Hammer!

WERDE KREATIV:

Da ich das Rezept so einfach wie möglich gehalten habe, kannst du hier nochmals kräftig in der Suppe mitmischen. Ich liebe es ja simpel, aber manchmal darf es gerne noch sättigender sein, mit einem Esslöffel Tahin oder gekochter Kartoffel.

Pilzsauce auf Nudeln

Portionen: 4

GLÜCKSMIX FÜR JEDE ART VON MIXER

2 Zwiebeln, geschält
1 gr. Knoblauchzehe, geschält
200 ml Hafersahne oder Reissahne
1 Zweig Thymian
300 g weiße Champignons
150 ml Gemüsebrühe
Salz und frisch geriebener schwarzer Pfeffer
1 Portion deiner Lieblingsnudeln

DER WEG ZUM GLÜCK:

Zwiebeln würfeln und Knoblauch hacken. 2 Esslöffel der Sahne in einen Topf geben. Zwiebeln, Knoblauch und Thymian bei mittlerer Hitze 5 Minuten glasig dünsten.
Champignons putzen, mit in den Topf geben und 5 Minuten schmoren. Mit der Gemüsebrühe und der restlichen Pflanzensahne auffüllen. 10 Minuten mit geschlossenem Deckel köcheln lassen. Währenddessen deine Lieblingsnudeln nach Anleitung kochen.
Pilzmischung vom Herd nehmen, 5 Minuten auskühlen lassen und in den Mixer geben. Zu einer cremigen Sauce pürieren und mit Salz und Pfeffer abschmecken.
Nudeln abgießen und mit der Pilzsauce servieren.

Die Sauce schmeckt auch sehr gut zu Gnocchis oder einer Wildreismischung.

WERDE KREATIV:

Wenn du keine Hafersahne oder Reissahne zur Verfügung hast oder magst, kannst du diese auch ersetzen, beispielsweise durch 200 ml Kokosmilch, durch 2 Esslöffel Öl oder durch 170 ml Hafermilch oder eine andere Pflanzenmilch. Mit ein paar Erbsen, die du nachträglich dazu gibst, bringst du noch extra Biss in die Sauce.

Vegane Alfredo Sauce

Portionen: 4

Die Alfredo Sauce kommt ursprünglich aus Rom und besteht hauptsächlich aus Parmesankäse, Sahne und Butter. Sie ist dadurch deutlich cremiger als die meisten Pastasaucen. Genau genommen ist dies natürlich keine richtige Alfredo Sauce, aber weil sie mich so daran erinnert, bekam sie diesen Namen.

GLÜCKSMIX FÜR JEDE ART VON MIXER

250 g Blumenkohl
2 Knoblauchzehen
80 g Cashews, über Nacht eingeweicht
1 TL Gemüsebrühe oder weiße Misopaste
1 Prise Muskat
2 EL Hefeflocken
150 ml Hafermilch
Salz, Pfeffer zum Abschmecken

DER WEG ZUM GLÜCK:

Den Blumenkohl in Röschen teilen, Knoblauch schälen. Die Cashews absieben und abwaschen und mit etwa 150 ml Wasser, Blumenkohl, Knoblauch und Gemüsebrühe in einen Topf geben. Mit geschlossenem Deckel bei mittlerer Hitze für 10 Minuten köcheln lassen. Es sollte nicht mehr viel Flüssigkeit übrig sein.
Anschließend alles in einen Mixer füllen. Eine Prise Muskat, die Hefeflocken und die Hafermilch dazugeben. Die Sauce cremig pürieren. Je nach gewünschter Dicke gegebenenfalls noch etwas mehr Hafermilch dazugeben. Mit Salz und Pfeffer abschmecken und mit Pasta, Reis oder Gemüse servieren.

WERDE KREATIV:

Für mehr Proteine in deiner Alfredo Sauce sorgt Tofu. So machst du sie dann zur perfekten Post-Workout-Mahlzeit, serviert mit Vollkornreis, Quinoa oder Buchweizenpasta.

Tipp:
Anstelle der Cashewkerne kannst du auch Mandelmus, Tahin oder Cashewmus nehmen.

HERZHAFTE *Kichererbsen Curry Muffins*

Portionen: 2, entspricht 6 Muffins

Früher dachte ich, Kichererbsen heißen so, weil man davon ganz viel kichern muss. Schade eigentlich, dass es nicht so ist. Die eigentliche Story ist weniger spannend. Den Strauch, an dem die Kichererbsen wachsen, nannten alte Römer „cicer", ausgesprochen „kiker", das bedeutet so viel wie Erbse. Über die althochdeutsche Bezeichnung „kihhira" kam der Ausdruck zu uns. Im Mittelhochdeutschen wurde dann „kichern" daraus.

GLÜCKSMIX FÜR JEDE ART VON MIXER

260 g Kichererbsen (Abtropfgewicht)
1 Karotte (ca. 80 g)
1 kl. Zwiebel
1 Knoblauchzehe
100 ml Kokosmilch
1 EL Leinsamen
1 TL Kokos-Curry Pulver
1 Prise Salz
50 g Erbsen, TK

Außerdem:
6 Silikon-Muffinförmchen

DER WEG ZUM GLÜCK:

Backofen auf 180 Grad Ober-/Unterhitze vorheizen. Kichererbsen absieben und waschen. Karotte grob schneiden, Zwiebel und Knoblauch schälen. Kokosmilch, Knoblauch, Zwiebel, Leinsamen und Karotte in den Mixer geben. Einmal pulsen, bis alles recht klein ist. Kichererbsen und restliche Zutaten, bis auf die Erbsen, dazugeben. Nochmal mixen. Die Masse darf ruhig noch etwas stückig sein. 6 Muffinförmchen vorbereiten und den Teig aus dem Mixer in eine Schüssel füllen. Erbsen unterrühren.
Teig gleichmäßig auf die Muffinförmchen verteilen und diese für 40–45 Minuten backen. Die Muffins aus dem Ofen holen und etwas abkühlen lassen. Sobald sie abgekühlt sind, vorsichtig aus den Förmchen nehmen und beispielsweise mit Hummus und Salat servieren.

Tempeh Bällchen
HOT DOG STYLE

Portionen: 3–4

Ein richtig veganer Hot Dog nach #Annelinastyle hat irgendwie nicht mehr ganz so viel mit einem gewöhnlichen Hot Dog zu tun. Er ist eher ziemlich öko, aber auch ziemlich gut.
Mein ursprünglicher Plan war, einen halbwegs normalen Hot Dog zu machen. Dann habe ich mir überlegt, einfach Meat Balls zu machen, weil es etwas schneller geht, und dann dachte ich, so ein weißes Brötchen ist aber auch nicht so geil, ich nehme lieber ein braunes. Okay, habe ich mir gesagt, wenn es jetzt eh schon so anders wird, ersetze ich den Ketchup auch noch durch meine ölfreie Mayo (siehe S. 106) und belege das Ganze mit Gemüse anstelle gezuckerter Röstzwiebeln. #DasLebeneinesHealthGurus oder so ähnlich wäre hier jetzt der Hashtag. Für deinen Körper nur das Beste, richtig?

GLÜCKSMIX FÜR JEDE ART VON MIXER:

Für die veganen Fleischbällchen:
250 g Tempeh, bio
1 kl. weiße Zwiebel
2 Knoblauchzehen, zerdrückt
70 g Walnüsse
2 EL Sojasauce
½ EL Senf
1 Lein-Ei (1 EL gemahlener Leinsamen mit 3 EL Wasser vermengen, 10 Min. ruhen)

Für den Belag:
Mayonnaise (siehe S. 106)
1 Tomate
1 Handvoll Rucola
1 Frühlingszwiebel, geschnitten

Außerdem:
4 längliche Vollkornbrötchen

DER WEG ZUM GLÜCK:

Ofen auf 180 Grad Ober-/Unterhitze vorheizen.
Tempeh würfeln. Die Zwiebel schälen und sehr fein würfeln. Den Knoblauch ebenfalls schälen und so klein wie möglich schneiden.
Walnüsse, Tempeh, Sojasauce, Senf und Lein-Ei in den Mixbehälter geben und pulsieren/langsam mixen bis grobe Stücke entstehen. Dabei achtgeben, die Zutaten nicht zu fein zu mixen. Den Tempeh-Mix in eine Schüssel geben und mit der Zwiebel und dem Knoblauch zu einem Teig kneten.
Aus dem Teig ca. 16 gleichgroße Tempeh-Bällchen formen. Die Bällchen auf ein Backpapier belegtes Backblech legen und für ca. 20 Minuten gar backen.
Brötchen halbieren, mit Mayo bestreichen. Tomate in Scheiben schneiden und auf die Brötchenhälften legen. Rucola, Frühlingszwiebeln und Tempeh-Bällchen darauf schichten und mit Mayonnaise verziert servieren.

Tipp:
Die Tempeh-Bällchen schmecken auch einfach so zu Salat oder auf Pasta und Reis.

Saaten Kräcker

Für 2 Backbleche

Knackig und gesund.
Ich mag diese Kräcker, weil sie nicht nur gut schmecken, sondern auch immer und überall passen: als Snack für zwischendurch, für die Lunchbox, zur Suppe oder zum Abendbrot mit Rohkost und Dips.

GLÜCKSMIX FÜR JEDE ART VON MIXER

150 g Leinsaat
150 g Sesam
75 g Sonnenblumenkerne
2 kl. Tomaten (150 g)
½ Zucchini (150 g)
3 EL Speisestärke
3 TL Zwiebelpulver
2 TL Harissa-Pulver
1 Prise Salz

DER WEG ZUM GLÜCK:

Den Backofen auf 100 Grad Ober-/Unterhitze vorheizen.
Saaten kurz in den Mixer geben und pulsen. In eine Schüssel füllen.
Tomaten und Zucchini würfeln. Zusammen mit der Speisestärke und den Gewürzen im Mixer zu einem Brei pürieren. Über die Saaten gießen und gut vermengen. Mit Salz abschmecken.
Ein Backblech mit Backpapier auslegen. Masse gleichmäßig auf dem Backpapier verteilen. Ein zweites Backpapier darüber legen und mit einer Teigrolle ausrollen. So lange rollen, bis die Masse möglichst dünn und glatt ist.
Mit dem restlichen Kräcker-Teig genauso vorgehen.
60 Minuten im Backofen backen. Aus dem Ofen holen und abkühlen lassen. Erst nach dem Abkühlen auseinander brechen.
Aufbewahrung: Die Kräcker halten sich bis zu einer Woche im Kühlschrank.

WERDE KREATIV:

Unterschiedliche Samen, unterschiedliche Gewürze, unterschiedliches Gemüse. Was auch immer du magst, das Tauschgeschäft kann hier beginnen. Ich variiere besonders bei den Gewürzen und gebe beispielsweise anstelle von Harissa Kurkuma, Kreuzkümmel und Knoblauchpulver hinzu. Auch liebe ich die Kräcker mit Schwarzkümmel oder schwarzem Sesam.

Glutenfreie Spinatpfannkuchen

Portionen: 2

Sie sind grün, gesund und glutenfrei. Diese Pfannkuchen sorgen für eine bunte Abwechslung zu den herkömmlichen. Auch wenn sie grün sind und Spinat enthalten, darfst du sie süß mit Banane oder Apfelmus genießen. Es klingt vielleicht etwas ungewohnt, das klangen die grünen Smoothie am Anfang jedoch auch.

GLÜCKSMIX FÜR JEDE ART VON MIXER

120 g Teffmehl
30 g Buchweizenmehl
280 ml Pflanzendrink (z. B. Soja)
40 g Spinat
1 Prise Salz
½ TL Backpulver
ggf. 2 EL Kokosöl (zum Braten)

Außerdem:
Kidneybohnenhummus, Mayo, Gurke, Tomaten

DER WEG ZUM GLÜCK:

Für die Pfannkuchen das Mehl mit dem Pflanzendrink, dem Spinat, Salz und Backpulver in den Mixer geben und pürieren, bis ein zähflüssiger Teig entsteht.
Den Teig in einer Schüssel für 10 Minuten ruhen lassen.
Bei Bedarf ein wenig Pflanzenöl in einer Bratpfanne langsam erhitzen und einen Teil des Teigs in die Pfanne geben (je nach Wunsch: kleine oder große Pfannkuchen). So lange backen, bis man den Pfannkuchen gut wenden kann (in der Regel 1–2 Minuten). Besser langsam backen als bei zu hoher Hitze.
Pfannkuchen mit Bohnencreme, Tomaten, Gurke und Salat servieren.

WERDE KREATIV:

Wenn dir das Teffmehl auf Dauer zu teuer wird, kannst du hier auch einfach anderes glutenfreies Mehl wie Kichererbsenmehl nutzen. Und natürlich geht auch Dinkelmehl, Roggenmehl, Emmermehl und vieles andere. An Gewürzen kannst du den Pfannkuchen alles unterjubeln, was dir so einfällt: Kurkuma, Basilikum, Oregano oder Thymian schmecken hier sehr gut.

Mediterrane Tomaten Quiche

GLÜCKSMIX FÜR JEDE ART VON MIXER

Für den Boden:
200 g Teffmehl
150 ml Wasser
1 Prise Salz
4–5 EL Olivenöl

Für die Füllung:
250 g Cocktailtomaten
150 g Pilze
400 g Seidentofu
10 Oliven oder 1 EL Olivenöl
2 TL Currypulver
1 TL Garam Masala
2 EL Sojasauce
2 EL Speisestärke (20 g)
Salz, Pfeffer
Optional: ½ geh. TL Kala Namak

Außerdem:
eine runde Silikonform Ø ca. 24 cm

DER WEG ZUM GLÜCK:

Boden:
Den Backofen auf 180 Grad Umluft vorheizen.
Alle Zutaten für den Boden in einer Schüssel zu einem Teig vermengen. Anschließend in die Backform drücken, den Boden mit der Gabel mehrfach einstechen. Auf mittlerer Schiene für 8 Minuten vorbacken und währenddessen die Füllung vorbereiten.

Füllung:
Tomaten waschen und halbieren, Pilze putzen und der Länge nach halbieren.
Für den Belag Seidentofu, Oliven, Curry, Garam Masala, Sojasauce, Speisestärke und gegebenenfalls Kala Namak zu einer glatten Masse pürieren. Mit Salz und Pfeffer abschmecken. Die Masse in die Teigform gießen und gleichmäßig verteilen. Die Pilze und Tomaten mit der Wölbung nach oben in die Masse drücken.
Auf der mittleren Schiene für 20 Minuten bei gleicher Temperatureinstellung backen, dann auf 155 Grad Umluft reduzieren und weitere 15 Minuten backen. Nach dem Garen kurz ruhen lassen.

Füllung Spinat-Variation:
180 ml Hafermilch
1 geh. EL Tahin, sehr flüssig
220 g Kichererbsen, gekocht
200 g Räuchertofu
1 TL Gemüsebrühe
1 Prise Kala Namak
200 g Spinat, TK
100 g Erbsen

Spinat-Variation Zubereitung:
Für den Belag Hafermilch, Tahin, Kichererbsen, Räuchertofu, Gemüsebrühe und Kala Namak in den Mixer geben. Zu einer cremigen, dickeren Masse pürieren.
Die Masse in eine Schüssel geben und den aufgetauten Spinat plus die Erbsen unterrühren. Füllung auf dem vorgebackenen Quicheboden verteilen und weitere 25–30 Minuten auf der mittleren Schiene bei 180 Grad Umluft backen.

KALA NAMAK: DAS EI DER VEGANER

So ganz stimmt das natürlich nicht. Aber Kala Namak verleiht Gerichten ganz ohne Ei dennoch diesen typischen Ei-Geschmack. Daneben ist es auch hübsch anzuschauen, denn es ist rosa. Sein zu Hause hat das Salz in Indien und Pakistan. Dort ist sein einprägsamer Eierduft, welchen das Salz einem besonders hohen Anteil an Schwefelstoff und Eisen verdankt, bereits sehr lange bekannt. In der ayurvedischen Küche findet das Salz auch Einsatz bei exotischen Gerichten sowie Fruchtdesserts.

ZU VIEL ÖL?

Wenn dir der Boden zu viel Öl enthält, kannst du auch einfach weniger nutzen und dafür mehr Wasser nehmen. Aus Sicherheitsgründen muss ich dich jedoch darauf hinweisen, dass der Boden dann um einiges härter wird. Mit „Sicherheit" meine ich, dass das Stück Quiche, das du versuchst mit der Gabel durchzutrennen, gegebenenfalls im Gesicht deines Tischnachbarn landet.

Tipp:

Dieses Rezept eignet sich auch für Gemüsesorten wie Broccoli und Mangold.

Des

— DESSERTS UND GEBÄCK —

Nasch dein Glück

Leichte Schokoladenmousse

Portionen: 4

Sie ist luftig, sie ist cremig und sie ist unfassbar einfach und schnell zuzubereiten. Die 3-Zutaten-Schokoladenmousse ist mein Lieblings-„Quick-Solution"-Rezept, wenn es auf eine Party geht und ich noch schnell etwas machen muss. Am längsten dauert hier das Kühlstellen der Schoki.
Falls du mit der berühmten Aquafaba Mousse zu kämpfen hattest, besteht diese Gefahr hier definitiv nicht, denn die Hauptzutat ist Seidentofu. Seidentofu ist ein Allrounder in der veganen Küche und kann so ziemlich alle Sahne-, Quark- und Milchcreme-Produkte ersetzen. Gerne verwende ich ihn in meinen Béchamelsaucen, der Mayonnaise (S. 106), Salatdressings, Aufstrichen und allen möglichen süßen Cremes, sowie meinem Käsekuchen. Mehr zu dieser seidigen Angelegenheit findest du auch auf Seite 36 in diesem Buch.

GLÜCKSMIX FÜR JEDE ART VON MIXER

100 g dunkle Schokolade (70 %)
400 g Bio-Seidentofu
12 Datteln, entsteint oder 70 g nicht-raffinierter Zucker
1 Prise Salz

DER WEG ZUM GLÜCK:

Schokolade in einer hitzebeständigen Schüssel über einem Kochtopf mit siedendem Wasser schmelzen. Die Schokolade ab und zu umrühren, wenn sie weich wird. Bei Raumtemperatur zur Seite stellen. In der Zwischenzeit den Seidentofu und die Datteln oder Zucker in den Blender geben. Den Deckel verriegeln und mixen, bis die Masse geschmeidig wird. Die geschmolzene Schokolade mit einer Prise Salz hinzugeben und alles gut mixen. Die Mischung in Schüsseln oder Gläser geben und 30 Minuten vor dem Servieren in den Kühlschrank stellen.
Zum Beispiel mit Beeren, Banane und Granola servieren oder einfach pur genießen.

WERDE KREATIV:

Wenn dunkle Schokolade langweilig wird, kannst du hier auch weiße Schokolade oder sonstige deiner Lieblinge verwenden.

Mohn Käsekuchen Creme

Portionen: 4

Dass ich Seidentofu liebe, hast du mittlerweile wahrscheinlich bemerkt. Und wie auch die Schokoladenmousse, ist dieses Rezept in Sekundenschnelle fertig. Aber auch hier sorgt das Kühlstellen der Schlüssel für die Geschmacksexplosion.

GLÜCKSMIX FÜR JEDE ART VON MIXER

400 g Bio-Seidentofu
2 geh. EL Cashewmus
3–4 EL Ahornsirup
1 EL Mohn
Saft und Schale 1 Bio-Zitrone, abgerieben

Crumble:
80 g Datteln oder Dattelpaste
100 ml Wasser
1 Prise Salz
30 g Kokosmehl

DER WEG ZUM GLÜCK IM HOCHLEISTUNGSMIXER:

Seidentofu, Cashewmus, Ahornsirup, Mohn und Zitronensaft und -schale in den Mixbehälter geben und cremig pürieren. Die Creme auf 4 Portionen verteilen und kalt stellen.

Die Datteln mit dem Wasser und der Prise Salz in den Mixer geben und zu einer Sauce pürieren. Die Dattelsauce in eine Schüssel füllen und das Kokosmehl hinzugeben. Nach Bedarf etwas mehr Kokosmehl verwenden, um die gewünschte Festigkeit zu erhalten.
Gleichmäßig auf die Mohncreme verteilen und nach Belieben mit Beeren und Minze oder Zitronenmelisse kalt servieren.

DER WEG ZUM GLÜCK IM STANDARDMIXER:

Die Datteln in dem Wasser über Nacht einweichen, sodass sie leichter zu mixen sind.
Das weitere Vorgehen entspricht dem des Hochleistungsmixers.

WERDE KREATIV:

Seidentofu kannst du auch durch einen pflanzlichen Skyr ersetzen. Diesen bekommst du in der Kühlabteilung im Supermarkt. Er ist etwas kalorienreicher als der Seidentofu, wodurch die Creme dann etwas satter macht.

Apfelstrudel Cookie Dough

Portionen: 2

Dieser Keksteig ist ein Must-have, wenn du Apfelstrudel und Teig liebst. Am besten hast du ihn immer auf Vorrat und isst ihn zum Beispiel nach dem Sport, um den Kohlenhydratspeicher aufzufüllen und dem Körper wertvolle Proteine zukommen zu lassen.

GLÜCKSMIX IM HOCHLEISTUNGSMIXER

1 Glas Kichererbsen (Abtropfgewicht 220 g)
5 geh. EL Apfelmark* (180 ml)
5 Datteln
1–2 EL Mandelmus
1 TL Zimt

Toppings:
Kakao Nibs, Walnüsse, Beeren

DER WEG ZUM GLÜCK:

Die Kichererbsen in einem Sieb gut abwaschen. Dies ist wichtig, um den Salzgeschmack zu reduzieren. Anschließend die Kichererbsen mit den restlichen Zutaten in den Mixer geben und zu einem Brei mixen. Die Masse mit einem Gummischaber in ein Servierglas füllen und kalt stellen.
Mit Lieblingstoppings wie Kakao Nibs, Walnüssen und Rosinen genießen.

*Apfelmark besteht im Gegensatz zu Apfelmus aus dem reinen Apfel ohne Zusatz von Zucker.

GLÜCKSMIX IM STANDARDMIXER

1 Glas Kichererbsen (Abtropfgewicht 220 g)
5 geh. EL Apfelmark
3 EL Ahornsirup
3 EL Hafermilch oder eine Nussmilch
1–2 EL Mandelmus
1 TL Zimt

DER WEG ZUM GLÜCK:

Das Vorgehen entspricht dem des Hochleistungsmixers.

GLUTENFREIE
Protein Schokomuffins

Portionen: 12 Stück

Falls du ein Freund von Erdnüssen und saftigen Muffins bist, könnten diese hier deine besten Freunde werden. Die Muffins sind eine prima Leckerei für zwischendurch oder auch als Frühstück. Ihre wertvollen Nährstoffe halten nachhaltig satt.

GLÜCKSMIX FÜR JEDE ART VON MIXER

1 Banane
300 ml Hafermilch
200 ml Wasser mit Kohlensäure
100 g weißes Bohnenmehl
80 g Erdnussbutter
20 Datteln, entkernt
2 EL Schokoladenpulver
2 TL Backpulver
1 EL Kakao Nibs

Außerdem:
12 Silikon-Muffinförmchen oder andere

DER WEG ZUM GLÜCK:

Ofen auf 180 Grad Ober-/Unterhitze vorheizen.
Alle Zutaten mit Ausnahme des Backpulvers und der Kakao Nibs gut mixen. Backpulver und Kakao Nibs hinzugeben und alles bei niedrigster Geschwindigkeitsstufe noch einmal pulsen. Den Teig auf 12 Silikon-Backförmchen verteilen. 20–25 Minuten backen. Die Muffins aus dem Ofen nehmen und abkühlen lassen.

WERDE KREATIV:

Weißes Bohnenmehl gibt es im Bioladen zu kaufen. Wenn du einen leistungsstarken Mixer besitzt, kannst du es auch mit getrockneten Bohnen selbst herstellen. Mehr dazu findest du auf Seite 33 und im Basisrezept Mehl selber machen.

Glutenfrei?
Jawohl, geht auch. Verwende anstelle des Dinkelmehls glutenfreies Mehl. Auch Teffmehl und Buchweizenmehl funktioniert, verändert jedoch den Geschmack.

Bohnen Brownies

Portionen: 15 Stück

Wenn ich eins liebe, sind es Brownies. Sind sie dann noch gesund, fettarm und aus Bohnen oder Süßkartoffeln, bin ich Feuer und Flamme. Falls du es noch nicht bist, teste dieses Rezept!

GLÜCKSMIX FÜR JEDE ART VON MIXER

200 g weiße Bohnen gekocht, z. B. Cannellini
50 g Walnüsse
100 ml Ahornsirup
100 g Apfel-Bananenmark
2 geh. EL Kakao
100 g Dinkelmehl
1 Prise Salz
4 EL Schoko Drops

Außerdem:
1 eckige Backform

DER WEG ZUM GLÜCK IM HOCHLEISTUNGSMIXER:

Backofen auf 180 Grad Ober-/Unterhitze vorheizen. Alle Zutaten bis auf die Drops in den Mixbehälter geben. Mit den flüssigen Zutaten beginnen. Pulsen und dann auf die höchste Geschwindigkeitsstufe stellen, bis eine cremige Masse entsteht. Ca. 90 % der Schoko Drops vorsichtig unterrühren und den fertigen Teig in eine mit Backpapier belegte Backform füllen. Die restlichen Drops oben auf dem Teig verteilen.
35–40 Minuten backen bzw. bis nichts mehr an einer Gabel kleben bleibt, wenn man in den Teig hineinsticht.
Backform aus dem Ofen nehmen, kurz abkühlen lassen und den „Kuchen" in 15 Brownies schneiden. Die Brownies so oder mit Eis und warmen Himbeeren servieren.

DER WEG ZUM GLÜCK IM STANDARDMIXER:

Bohnen, Walnüsse, Ahornsirup und Apfel-Bananenmark in den Mixbehälter geben und cremig pürieren. Anschließend in eine Schale geben. Die restlichen Zutaten hinzufügen und mit einem Löffel zu einem Teig verrühren.
Weiteres Vorgehen wie beim Hochleistungsmixer.

WERDE KREATIV:

Für etwas mehr Crunch sorgen gehackte Walnüsse. Rühre diese einfach zusammen mit den Schokodrops in den Teig. Hervorragend schmecken die Schoko-Happen auch mit zusätzlichen 2 Esslöffeln kaltem Kaffee. Dieser intensiviert nochmals den Geschmack.

Apfel Haselnuss Donuts

Portionen: 6

Der in die Geschichte eingegangene Donut ist ein handtellergroßer Krapfen bestehend aus Hefeteig oder Rührteig. Wir finden ihn meist in Ringform und manchmal auch als Schmelzgebäckkringel oder Lochkrapfen betitelt. Der Lochkrapfen wird in Fett ausgebacken und mit einer Fett-Zucker-Mischung überzogen.
Schauen wir uns mal diesen Donut an. Er besteht nicht aus Hefe- oder Rührteig, wird nicht in Fett ausgebacken und auch nicht mit einer fettigen Zucker-Mischung überzogen. Wow, da habe ich doch tatsächlich alle in die Geschichte eingegangenen Donutregeln ignoriert. Was zählt: Er schmeckt bombastisch!

GLÜCKSMIX FÜR JEDE ART VON MIXER

1 EL Leinsamen, geschrotet
100 g Haferflocken
100 g Haselnüsse
150 g Apfelmark
50 g Kokosblütenzucker
2 gestr. TL Backpulver
1 gestr. TL Zimt

Glasur:
50 g Zartbitter-Schokolade
20 ml Hafermilch
1 Handvoll gehackte Haselnüsse

Außerdem:
Donutform
Öl zum Einfetten

DER WEG ZUM GLÜCK:

Backofen auf 180 Grad Ober-/Unterhitze vorheizen. Eine 6er-Donutform mit Öl einfetten und zur Seite stellen.
Die Leinsamen in einem kleinen Schälchen mit 3 Esslöffeln Wasser vermischen und beiseitestellen. Die Leinsamen verdicken nach 10 Minuten und werden zu einem Gel, auch bezeichnet als „Lein-Ei".
Haferflocken und Nüsse in den Mixer geben und zu Mehl pürieren.
Apfelmark, Lein-Ei und Kokosblütenzucker in einer großen Schale verrühren, die Trockenmischung aus dem Mixer, Backpulver und Zimt hinzufügen und alles mit einem Löffel vermischen.
Die Teigmasse mit zwei kleinen Löffeln oder einem Spritzbeutel gleichmäßig auf die sechs Donutformen verteilen und glattstreichen.
Die Donuts im vorgeheizten Ofen 10 Minuten backen.
Die Form aus dem Ofen nehmen, Donuts abkühlen lassen und aus der Form lösen. Sobald die Donuts ausgekühlt sind, die Zartbitterschokolade in einem kleinen Topf über einem Wasserbad zum Schmelzen bringen und mit der Hafermilch vermischen. Die Donuts mit einer Seite in die Schokolade tunken und mit der Glasur nach oben auf ein Kuchengitter legen. Mit den gehackten Haselnüssen verzieren und die Schokolade fest werden lassen.

WERDE KREATIV:

Keine Lust oder Zeit für eine Glasur? Dann kannst du auch einfach etwas Kokosblütenzucker und Zimt in einer Schüssel mischen und die Donuts darin wälzen.

Red Velvet Fairy Cake

Portionen: 9 Fairy Cakes

Als ich in Las Vegas war und die weltberühmten Red Velvet Cupcakes (dort auch vegan) probierte, wusste ich, die will ich „in gesund". Gesund und lecker. Und ganz nach meiner Backphilosophie „Hidden Veggies Everywhere" müssen sie natürlich mit Roter Bete sein. Aber keine Sorge, du wirst sie nicht schmecken.

GLÜCKSMIX FÜR JEDE ART VON MIXER

260 g Rote Bete, frisch
200 ml Kokosmilch
120 g Kokoszucker
2 TL Leinsamen
2 TL Backpulver
2 TL Apfelessig
1 Prise Tonka
1 Prise Salz
260 g Dinkelmehl oder Teffmehl

Topping:
200 ml Sojasahne oder Kokossahne, gekühlt
½ Pck. Sahnesteif

Außerdem:
9 Muffinförmchen

DER WEG ZUM GLÜCK:

Ofen auf 180 Grad Ober-/Unterhitze vorheizen.
Die Rote Bete kochen, sobald sie gar ist, mit kaltem Wasser abschrecken und unter kaltem Wasser schälen, danach würfeln.
Rote Bete, Kokosmilch, Kokoszucker, Leinsamen, Backpulver, Apfelessig, Tonka und Salz im Mixer zu einer Creme pürieren. Sobald alles gut vermixt ist, das Mehl dazugeben und nochmals pürieren. Die Muffinförmchen etwas fetten und den Teig hineingießen. Anschließend für 15 Minuten backen. Die fertigen Muffins aus dem Ofen nehmen. Während die Muffins abkühlen die vegane Schlagsahne in eine Schüssel geben, kurz anschlagen, dann das Sahnesteif zugeben. Für mehrere Minuten mit einem Handmixer steifschlagen. Sahne in einen Spritzbeutel geben und die Fairy Cakes damit verzieren. An einem kalten Ort lagern, damit die Sahne nicht zerläuft.

Saftige Karotten Muffins

Für 12 kleine Muffins

Unter 10 Minuten zubereitet, unter 16 Minuten gebacken.
Karotten, ich liebe einfach Karotten. Mein Karotten-Verschleiß ging mit 1 kg am Tag teilweise ins Überirdische. Mittlerweile bin ich mit ½ kg wieder in der Zwischenwelt angekommen. Die Erde ist in Sicht, würde ich sagen. Um zurück zum Thema zu kommen, die Karotten Muffins sind wirklich sehr saftig. Für mehr „Fluffiness" ersetzt du einen Teil der Hafermilch durch (ca. 50 ml) Öl.

GLÜCKSMIX IM HOCHLEISTUNGSMIXER

130 g Haferflocken
90 g Mandeln, ganz
250 ml Hafermilch oder Sojamilch
100 ml Ahornsirup
100 g Karotte
1 Prise Salz
1 Prise Vanille
1 TL Backpulver

Außerdem:
12 Muffin-Silikonformen oder andere

Kokossahne:
1 Dose Kokosmilch*, gekühlt
1 EL Johannisbrotkernmehl
1 Pck. Vanillezucker

DER WEG ZUM GLÜCK:

Ofen auf 200 Grad Ober-/Unterhitze vorheizen.
Haferflocken, Mandeln, Hafermilch und Ahornsirup in den Mixer geben und auf mittlerer Stufe mixen, bis ein Teig entsteht.
Karotte in Stücke schneiden und dazugeben. Nochmals mixen, bis die Karotte zerkleinert ist. Salz, Vanille und Backpulver dazugeben und kurz pulsen.
Den Teig in 12 kleine Muffinförmchen füllen und 15 Minuten goldbraun backen. Die Backdauer kann je nach Muffinförmchengröße variieren.

GLÜCKSMIX IM STANDARDMIXER

130 g Haferflocken
90 g Mandeln, gemahlen
250 ml Hafermilch
100 ml Ahornsirup
100 g Karotte, geraspelt
1 Prise Salz
1 Prise Vanille
1 TL Backpulver

DER WEG ZUM GLÜCK:

Ofen auf 200 Grad Ober-/Unterhitze vorheizen.
Alle Zutaten in den Mixer geben und zu einem cremigen Teig pürieren. Den Teig in 12 kleine Muffinförmchen füllen und 15 Minuten goldbraun backen. Die Backdauer kann je nach Muffinförmchengröße variieren.

KOKOSSAHNE:

*Verwende eine Kokosmilch mit einem möglichst hohen Fettanteil. Hast du keine, leere die Hälfte des flüssigen Teils der Kokosmilch, sprich das Kokosnusswasser, in eine separate Schale.
Die Kokosmilch in ein hohes, schmales Gefäß geben und Johannisbrotkernmehl und Vanillezucker hinzugeben. Mit einem Stabmixer so lange aufschlagen, bis die Kokosmilch steif wird und die Konsistenz von Sahne bekommt. Dies kann mehrere Minuten dauern.

Tipp:
Für die glutenfreie Muffin-Variante, kannst du hier die glutenfreien Haferflocken verwenden.

Süßkartoffel Schoko Tarte

Diese leichte Tarte schmeckt extrem schokoladig, ohne schwer im Magen zu liegen. Ein klasse Schnittchen, würde ich sagen. Das darfst du dir auch gleich zweimal gönnen.

GLÜCKSMIX IM HOCHLEISTUNGSMIXER

Für den Boden:*

120 g Mandeln
120 g Haferflocken
18 Datteln
4 EL Mandelmus oder 3 EL Kokosfett
1 Prise Salz

**Alternativ kannst du hier auch den Boden der „Schoko Käsekuchen Tarte" (S. 179) backen.*

Für die Füllung:

400 g Süßkartoffel, roh
100 g Kokosmilch
100 g Hafermilch
3 geh. EL Kakao
100 g Datteln
2 TL Agar Agar (1 Beutel), aufgelöst in 1 EL Hafermilch
1 Prise Tonka

Außerdem:

Ø 24 cm Silikonform oder Tarteform mit Hebeboden
Beeren zur Dekoration

DER WEG ZUM GLÜCK:

Boden: Backofen auf 170 Grad Ober-/Unterhitze vorheizen und die Form fetten.
Mandeln in den Mixer geben und pulsen bis ein feines Mandelmehl entsteht. Haferflocken dazugeben und erneut pulsen, sodass ein Mandel-Hafermehl entsteht. Datteln, Mandelmus oder Kokosfett und eine Prise Salz dazugeben. Erneut mixen. Auf niedriger Geschwindigkeitsstufe anfangen zu mixen. Langsam höher stellen und die Zutaten zu einer zusammenhaltenden, noch leicht stückigen Masse verarbeiten.
Den Teig in die Form drücken. Dabei einen Rand von etwa 1,3 cm hochziehen. Wenn der Teig an den Fingern klebt, kannst du dir ein kleines, mit Wasser gefülltes Schälchen daneben stellen und die Fingerspitzen immer wieder nass machen. Mit einem runden Glas bekommst du den Boden gleichmäßig glatt.
Den Boden mehrfach mit der Gabel einstechen und anschließend für 10–11 Minuten backen. Aufpassen, dass der Boden nicht zu dunkel wird. Fertigen Boden aus dem Ofen nehmen und abkühlen lassen. Aus der Form nehmen und auf einen Servierteller geben.

Füllung: Für die Füllung die Süßkartoffeln ca. 20 Minuten kochen und anschließend schälen. Die geschälten Süßkartoffeln in Würfel schneiden.
Zuerst Kokosmilch und Hafermilch, dann die Süßkartoffeln, das Kakaopulver, die Datteln und das aufgelöste Agar Agar in den Mixer geben. Mit einer Reibe von einer Tonkabohne

etwa ⅛ in den Mixer reiben.
Anschließend die Creme zuerst mit niedriger Geschwindigkeit mixen. Langsam höher stellen, bis alles eine feine homogene Masse ist.
Die Schokomasse gleichmäßig auf den Boden gießen und für 1 Stunde kühl stellen. Die Tarte kalt mit Beeren verziert servieren.

Variation: Der Boden muss nicht unbedingt gebacken werden. Du kannst ihn ebenso gut für 1 Stunde in den Kühlschrank stellen.

GLÜCKSMIX IM STANDARDMIXER

Für den Boden:
120 g Haferflocken, feinblatt
120 g Mandeln, gemahlen
3 EL Kokosöl
3 EL Ahornsirup
1 Prise Salz

DER WEG ZUM GLÜCK:

Boden:
Backofen auf 170 Grad Ober-/Unterhitze vorheizen und die Form fetten.
Haferflocken in den Mixer geben und mixen, bis ein möglichst feines Mehl entsteht. Wenn die Mixerkraft nicht ausreicht, ist das auch nicht schlimm, es schmeckt auch körnig sehr lecker. Die restlichen Zutaten dazugeben und solange mixen, bis die Masse zusammenklebt.
Den Teig in die Kuchenform drücken und mit Boden und Füllung weiter vorgehen, wie bei der Hochleistungsmixer-Variante.

DIE WAHRE
Schoko Käsekuchen Tarte

Zuerst hieß dieses Rezept Falscher Käsekuchen, aber waren da nicht schon die falschen Pfannkuchen? Richtig, deswegen habe ich mir überlegt, dass diese Tarte eigentlich der wahre Käsekuchen ist, denn am Ende ist eh das wahr was man für sich als wahr bestimmt. Und wer hat schon bestimmt, dass Käsekuchen eigentlich mit Quark gemacht wird?

GLÜCKSMIX IM HOCHLEISTUNGSMIXER

Für den Boden:
90 g Mandeln, blanchiert
100 g Haferflocken
2 EL Ahornsirup
4 Datteln
3 EL Kokosöl
1 Prise Salz

Für die Füllung:
100 g weiße Schokolade, vegan
400 g Seidentofu
½ TL Vanille
1 Prise Salz
50 g Kokoszucker
Schale 1 Bio-Zitrone, abgerieben
Saft aus ½ Zitrone
2 TL Agar Agar (1 Beutel), aufgelöst in 1 EL Hafermilch

Außerdem:
Ø 24 cm Silikonform oder Tarteform mit Hebeboden
Beeren zur Dekoration

DER WEG ZUM GLÜCK:

Boden:
Backofen auf 170 Grad Ober-/Unterhitze vorheizen und die Kuchenform fetten.
Mandeln in den Mixer geben und pulsen, bis ein feines Mandelmehl entsteht. Haferflocken dazugeben und erneut pulsen, sodass ein Mandel-Hafermehl entsteht.
Die restlichen Zutaten dazugeben und solange mixen, bis die Masse zusammen klebt.
Den Teig in die Kuchenform drücken. Mit einem runden Glas bekommst du den Boden gleichmäßig glatt. Der Rand sollte 1–2 cm hoch sein. Anschließend im Backofen für 10 Minuten backen. Aufpassen, dass der Boden nicht zu dunkel wird. Fertigen Boden aus dem Ofen nehmen und abkühlen lassen. Aus der Form nehmen und auf eine Servierplatte legen.

Füllung:
Die Schokolade in einem Dampfbad zum Schmelzen bringen.
Alle Zutaten für die Füllung in einem Mixer zu einer cremigen Masse pürieren. Die Creme auf den Kuchen gießen und gleichmäßig verteilen.
Den Kuchen für 2 Stunden in den Kühlschrank stellen. Danach mit Beeren verziert servieren.

GLÜCKSMIX IM STANDARDMIXER

Für den Boden:
100 g Haferflocken
90 g Mandeln, gemahlen
3–4 EL Ahornsirup
3 EL Kokosöl
1 Prise Salz

DER WEG ZUM GLÜCK:

Boden:
Die Haferflocken in den Mixer geben und zu einem Hafermehl pürieren. Mit den restlichen Zutaten in einer Schüssel zu einem Teig vermengen. Der Teig darf noch klebrig sein. Anschließend den Teig in die Kuchenform drücken und mit Boden und Füllung weiter vorgehen, wie beim Hochleistungsmixer-Rezept.

WERDE KREATIV:

Deiner Schokoliebe sind keine Grenzen gesetzt. Ob *Raspberry and Cream* (vegan versteht sich, *Cookie Dough*, Haselnuss, Matcha oder Mocca Schokolade, alles passt.

Rote Bete Eis

Portionen: 6

GLÜCKSMIX FÜR JEDE ART VON MIXER

100 g Cashews, über Nacht eingeweicht
300 g Rote Bete, gekocht
200 ml Kokosnussmilch, vollfett
100 ml Reissirup
1 Msp. Guarkernmehl
1 Prise Tonka oder Vanille

DER WEG ZUM GLÜCK:

Cashews abwaschen.
Alle Zutaten in einen Mixer geben und zu einer cremigen Masse pürieren.
Die Creme in eine Tiefkühlbox füllen und für 6 Stunden einfrieren. Das Rote Bete Eis mit Kokosflocken oder Kokossahne servieren.

Wichtig bei diesem Rezept ist der Reissirup. Dieser sorgt aufgrund seines hohen Glukose-Gehaltes und seines niedrigen Fruktose-Gehaltes dafür, den Gefrierpunkt zu senken. Dadurch bleibt das Eis cremiger und es entstehen weniger Eiskristalle beim Gefrieren. Ursprünglich wird für die Eisherstellung Glukosesirup verwendet. Zusammen mit meinem Freund habe ich hier den Reissirup als eine gesündere Alternative entdeckt.

NATÜRLICHES DOPING

Rote Bete hat es in sich. Die Rübe enthält eine lange Liste an Vitaminen und Mineralien: In der roten Knolle verstecken sich Vitamin A, C, B, Folsäure und nennenswerte Mengen an Kalium, Kalzium, Magnesium, Natrium und ein großer Anteil Eisen. Doch Rote Bete kann noch mehr. Sie wirkt entzündungshemmend und reduziert oxidativen Stress.
Besonders betonen möchte ich jedoch ihre Fähigkeit, als natürliches Doping zu wirken. Durch das enthaltene Nitrat steigert sie unsere Durchblutung und liefert eine Menge Folsäure, was die Regeneration der Muskulatur erhöht. Bereits ein Glas Rote Bete-Saft täglich kann die Ausdauerfähigkeit verbessern. Zusätzlich stärkt Rote Bete die mentale Leistungsfähigkeit.

Thank
You

Wow, das sage ich immer wieder, wenn ich an die tollen Menschen in meinem Leben denke. Wow, dass ich so ein Glück habe. Ohne euch wäre all das nicht möglich gewesen. Ich bin euch von tiefsten Herzen dankbar.

Zuallererst Danke an meinen Schatz Nicolas Hartmann, für deine Unterstützung und das Korrekturlesen des Ernährungsteils – und deine tägliche Fürsorge, wenn es um meinen Vitaminhaushalt geht.

Danke an meine lieben Blogger-Freunde Mia Marjanovic und Valerie Husemann für die Unterstützung am Set – für eure kreativen Ideen beim Food Styling und die kleinen Handreichungen im Hintergrund. Mia, danke für die vielen schönen Bilder, die du von mir gemacht hast. Und natürlich auch dir, Ann-Kathrin Martin, ein großes Dankeschön für deine Geduld und Hilfe hinter und vor der Kamera.

Ein riesen Dank geht an meine Eltern, ohne die dieses Buch niemals entstanden wäre. Immer noch sind sie meine besten Lehrer und größten Vorbilder, wenn es um ein gesundes und bewusstes Leben geht.

Ein ganz besonderer Dank geht auch an Milena Magerl. „Lass mal Struktur reinbringen" war der zu Recht meist gehörte Satz aus deinem Mund :). Und natürlich danke ich dir für das tatkräftige Nachprüfen meiner Rezepte und die Unterstützung beim Kamera- oder Reflektorhalten.

Ich danke Katja Vogt für das beste Design, das ich mir für mein Buch nur wünschen konnte, meinen Freunden und allen Menschen, die ihre Arbeit in dieses Buch gesteckt haben – über Pressereferenten, Korrekturleser, Verleger ... bis hin zu dir!

Danke fürs Lesen!

IMPRESSUM

ISBN 978-3-935971-77-5

Rezeptkomposition: Annelina Waller
Lettering: Madina Katter
Design & Layout: Katja Vogt, www.katjavogt.de
Lektorat: Kreativlektorat Daniela Vogel, www.kreativlektorat.de
Strukturelle Unterstützung: Milena Magerl

Gedruckt und gebunden in Deutschland.

BILDRECHTE:

Titelbild: Milena Magerl
Fotos: S. 14 Ann-Kathrin Martin, S. 20 Anina Gepp, S. 28 Mia Marjanovic, S. 32 Steffen Mengel, S. 46 Mia Marjanovic, S. 52 Thomas Rafalzyk, S. 69 Nicolas Hartmann, S. 112 Mia Marjanovic, S. 121 Nicolas Hartmann, S. 141 Thomas Rafalzyk, S. 145 Mia Marjanovic, S. 153 Mia Marjanovic, S. 176 Mia Marjanovic, S. 180 Mia Marjanovic, S. 190 Mia Marjanovic, S. 184 Ann-Kathrin Martin

Sonstige Bilder sowie Bildbearbeitung: Annelina Waller

Viel
Genuss & Freude
BEIM
Ausprobieren!

Die Autorin

Annelina Waller glaubt noch an Wunder. Egal ob in der Natur, im Alltag oder bei Zutaten, die sich nur so zu beißen scheinen. Seit 2014 teilt sie auf ihrer Webseite wunderbare Alltagsstrategien, vegane Rezepte und Reiseinspirationen. Die Stuttgarterin lebt seit zwei Jahren in Berlin und ernährt sich bereits sechs Jahre vegan. Nach ihrem Masterstudium – Sport-, Event- und Gesundheitsmanagement – hat sie sich mit ihrer Leidenschaft für gesundes Essens und Yoga selbstständig gemacht.

www.annelinawaller.com

BESUCH ANNELINA AUCH AUF:

annelinawaller (Facebook)

annelinawaller (Instagram)

annelinawaller (Pinterest)

YouTube **annelinawaller**

”

*Vertraue deinem Bauch-
gefühl. Es ist dein bester
Kompass und weiß stets
was für dich gut ist.*

“